政府采购招标操作全案

时培成　杨爱喜◎著

中国经济出版社
CHINA ECONOMIC PUBLISHING HOUSE
北　京

图书在版编目（CIP）数据

政府采购招标操作全案 / 时培成，杨爱喜著. --北京：中国经济出版社，2022.9

ISBN 978-7-5136-7034-0

Ⅰ.①政… Ⅱ.①时… ②杨… Ⅲ.①政府采购制度-中国 ②政府采购法-中国 ③招标投标法-中国 Ⅳ.①F812.2 ②D922.209 ③D922.297.9

中国版本图书馆 CIP 数据核字（2022）第 146391 号

责任编辑 张梦初
责任印制 马小宾

出版发行 中国经济出版社
印 刷 者 北京力信诚印刷有限公司
经 销 者 各地新华书店
开　　本 710mm×1000mm 1/16
印　　张 13.75
字　　数 200 千字
版　　次 2022 年 9 月第 1 版
印　　次 2022 年 9 月第 1 次
定　　价 78.00 元
广告经营许可证 京西工商广字第 8179 号

中国经济出版社 网址 www.economyph.com 社址 北京市东城区安定门外大街 58 号 邮编 100011
本版图书如存在印装质量问题，请与本社销售中心联系调换（联系电话：010-57512564）

前言

政府采购指的是各级政府为了组织开展日常政务活动或为公众提供服务，在财政监督下，通过公开招标、单一来源采购、竞争性谈判等方式，按照法定程序，从国内外市场、线上线下市场购买政府部门或团体所需的工程、货物、劳务、服务的行为。

相对于西方国家来说，我国政府采购开始的时间比较晚。1996 年，我国在部分地区进行政府采购试点。2002 年 6 月 29 日，中华人民共和国第九届全国人民代表大会常务委员会第二十八次会议通过《中华人民共和国政府采购法》，自 2003 年 1 月 1 日起正式施行；2014 年，第十二届全国人民代表大会常务委员会第十次会议对《中华人民共和国政府采购法》进行了修正。如果从试点起算，我国政府采购发展至今也不过 30 多年。

在这几十年的发展过程中，我国政府采购的规模迅速扩大。1998 年，我国政府采购规模只有 31 亿元，到 2020 年已经增长至 36970. 6 亿元，占全国财政支出和 GDP 的比重分别为 10. 2% 和 3. 6%，展现出巨大的增长潜力。从采购范围来看，起初，我国政府采购对象主要是货物，后来逐渐扩大到工程、服务等领域，采购渠道也越来越多，从国内市场逐渐拓展到国际市场，从线下渠道逐渐延伸到线上渠道。

政府采购的快速发展产生了巨大的经济效益与社会效益。

在经济效益方面，首先，政府集中采购有效地节约了财政支出，切实提高了采购资金的使用效益。根据国际经验，政府采购可以将资金节约率保持在 10% 以上。据国家发改委公布的数据，2002—2007 年，我国政府采购资金年节约率为 11%，累计节约财政资金 1800 多亿元。

其次，政府采购可以强化宏观调控，保护扶持民族产业、新兴产业以及中小企业，促进经济社会更好地发展。根据财务部发布的报告，在 2020 年的政府采购中，为了响应“双碳”战略，支持绿色产业发展，政府强制采购节能、节水产品566.6亿元，优先采购环保产品813.5亿元；为了鼓励中小企业发展，政府采购授予中小微企业合同金额27918.0亿元，授予小微企业合同金额14046.4亿元；为了推进脱贫攻坚政策落地，政府采购贫困地区农副产品99.67亿元，帮助贫困地区的农民解决农产品滞销问题，帮助他们增收脱贫。

在社会效益方面，随着政府采购制度不断完善，政府部门逐渐形成了依法采购的思想观念和工作作风，在很大程度上遏制了暗箱操作、私下交易等违法行为，创建了一个公开透明、良性竞争的市场环境，有效地维护了政府采购各参与主体的合法权益，吸引更多优质的供应商参与到政府采购中来。

虽然我国政府采购发展速度极快，但因为发展时间太短，政府采购制度不太完善。为了推动我国政府采购工作实现法制化、规范化发展，继2002年《中华人民共和国政府采购法》颁布之后，我国财政部先后出台了《政府采购货物和服务招标投标管理办法》《政府采购评审专家管理办法》《政府采购代理机构资格认定办法》等30多套配套的规章制度，不断完善政府采购法律制度体系，并在2014年对《中华人民共和国政府采购法》进行修正。

政府采购活动必须按照这些法律法规开展，稍不注意就有可能涉嫌违法违规。所以，对于政府采购人员来说，政府采购的组织与开展并不是一项轻松的工作。实践证明，政府采购是一项非常复杂的任务，不仅各个环节、各项事务都必须按照相关的法律法规以及法定流程组织开展，而且政府采购人员要根据实际情况选择合适的采购方式，设计合理的评判方法对参与招标采购的供应商的能力与信誉做出科学判断，面对紧急采购任务要随机应变，面对供应商的投诉要依法处理，以免引起供应商的不满，破坏历经几十年才形成的公平、公正的政府采购市场环境。

本书立足于我国政府采购招标的法律法规与政策体系，全面阐述政府采购招标的基本要求与实施流程，涵盖采购人操作实务、采购代理机构操作实务、招标投标操作实务、招标评审流程与操作实务、采购合同操作实务、招标投诉处理操作实务以及各类项目采购操作实务、紧急政府采购操作实务等八大模块的操作方法与执行要点，并附有大量案例、范本与图表等实战工具，梳理了大量的政府采购项目招标公告、招标文件、中标公示、合同编制等典型实例，具有很强的针对性、指导性和实用性。

本书内容深入浅出、通俗易懂，将复杂知识简单化、专业知识通俗化、抽象概念界面化、晦涩内容趣味化。为降低读者的理解难度，本书注重提炼书中的关键信息，将抽象复杂的专业知识以图表的形式呈现出来，让读者一目了然，更好地完成知识转化与应用。本书可供各级政府采购项目管理部门工作人员、政府采购招标代理机构工作人员、招投标书编制人员学习参考，也可供高等学校工程管理专业、土木类专业、经济管理类专业师生学习参考，亦可作为政府采购管理部门业务培训的教材。

目 录

第一章　政府采购招标基本概述

一、政府采购招标的相关主体职责

（一）政府采购的定义与类型

政府采购指的是各级政府在财政的监督下，按照法定的方法与程序，遵循公开招标、公平竞争的原则，由财政部直接向供应商付款，从国内外市场上购买货物、工程或劳务，满足政府部门开展日常政务活动或为公众提供服务所需的行为。从本质上看，政府采购是市场竞争机制与财政支出管理的有机融合，其特点是对政府的采购行为进行法制化管理。

对于政府采购的定义，国内外有不同的描述。根据《中华人民共和国政府采购法》（以下简称《政府采购法》）第一章第二条规定，政府采购的主体必须是国家机关、事业单位或团体组织，采购对象必须在采购目录内，或者必须达到限额标准。

根据《政府和社会资本合作项目政府采购管理办法》规定，政府与社会资本合作项目的政府采购指的是利用财政资金进行采购的行为，对采购主体、采购对象是否属于采购目录，是否达到了限额要求均没有规定，或者指利用社会资本进行采购的行为。

政府采购的类型划分大致包括六种方式，如图 1－1 所示。

1. 按照采购对象划分

按照采购对象的不同，政府采购可以划分为三种类型，货物采购、工程采购与服务采购。

货物采购指的是业主或采购方通过招标的方式选择合适的供应商，以获得所需货物的过程。货物采购的业务范围主要涵盖了以下二个方面：第一，确定所需货物的数量与性能；第二，供应商调查分析、合同的谈判与签订、合同执行过程中的监督与控制等；第三，合同支付与纠纷处理。

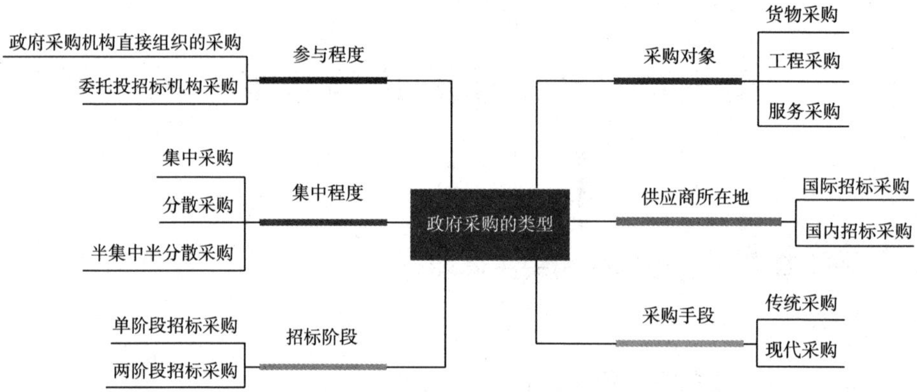

图 1－1　政府采购的类型

工程采购指的是通过招标或其他方式选择合适的承包单位来完成项目施工，包括与之相关的人员培训和维修等，例如大型水利枢纽工程招标采购、城建工程招标采购、灌溉工程招标采购等。

服务采购指的是组织获取除货物和工程以外的其他需求对象的过程。根据《政府采购品目分类表》，服务可以划分为 11 个大项，包括印刷出版专业咨询、工程监理、工程设计、信息技术的开发设计、维修、保险、租赁交通工具的维护保障、会议、培训、物业管理和其他服务等。

2. 按照供应商所在地划分

按照供应商所在地的不同，政府采购可以划分为国际招标采购与国内招标采购。

国际招标采购有两种适用情形：一是采购实体所在国家或地区加入国际或区域性政府采购协议，按照协议规定必须进行国际招标采购；二是采购实体没有加入国际或区域性政府采购协议，但国内供应商无法满足采购需求，必须进行国际招标采购。

国内招标采购有两种适用情形：一是采购实体所在国家或地区没有加入国际或区域性政府采购协议，本国或本地区可以满足采购需求，必须进行国内招标采购；二是采购实体所在国家或地区加入国际或区域性政府采购协议，但预计国际招标采购困难，或者国外供应商在国内没有设立售后服务机构，必须进行国内招标采购。

3. 按照采购手段划分

按照采购手段的不同，政府采购可以划分为传统采购与现代采购两种方式。

传统采购主要凭借人力完成整个采购过程，例如通过报纸、杂志发布采购信息，采购活动的相关主体直接参与每个采购环节。目前，这种采购方式主要在网络化程度较低的国家和地区使用。

现代采购又称为“网上采购”或“电子采购”，指的是利用现代科技进行采购的一种方式。采购方可以利用网络发布采购信息，供应商可以在网上报名、下载标书、进行网上投标等。目前，这种采购方式主要在网络化程度较高的国家和地区使用。

4. 按照招标阶段划分

按照招标阶段的不同，政府采购可以分为单阶段招标采购和两阶段招标采购。

单阶段招标采购要求供应商将所有投标文件一次性交付，包括技术标、价格标等，从而明确中标供应商。目前，大多数招标采购都属于单阶段招标采购。

两阶段招标采购指的是在采购方无法提供货物或工程的详细规格，或者无法确定服务特点的情况下，分两个阶段进行招标采购。第一阶段要求供应商提交不含价格的技术标，第二阶段要求供应商提交带有报价的投标书。一般来说，一些性质比较特殊的工程或者需要升级换代的高新技术产品会使用这种方式进行招标采购。

5. 按照集中程度划分

按照集中程度的不同，政府采购可以划分为集中采购、分散采购和半集中半分散采购。

集中采购一般适用于规定限额以上或采购目录范围内的采购。

分散采购一般适用于规定限额以下或采购目录范围之外的采购。

目前，各地推行的定点采购属于半集中半分散采购。

6. 按照参与程度划分

按照参与程度的不同，政府采购可以划分为两种类型，一种是政府采购机构直接组织的采购，另一种是委托投招标机构采购。

政府采购机构直接组织的采购主要适用于技术规范和要求相对稳定、批量大、具有一定规模效益的商品、工程与服务。

委托投招标机构采购主要适用于技术性能比较复杂、升级换代比较快的大型设备、专用设备、高新技术产品以及大型建筑工程。

（二）政府采购管理基本原则

政府采购制度的建立、相关法律法规的制定、政府采购活动的有序开展、政府采购事务管理必须遵循政府采购原则。根据《政府采购法》规定，政府采购原则有四条，分别是公开透明原则、公平竞争原则、公正原则、诚实信用原则。

1. 公开透明原则

公开透明原则指的是政府采购涉及的法律法规、流程程序、采购活动等所有相关信息必须向全社会公开。从本质上看，政府采购就是社会的公共采购，是政府采购部门使用公共资金进行采购的活动，必须接受社会公众的监督，对社会公众负责。政府采购接受公众监督的前提就是要做到公开透明，减少并消除“暗箱操作”，提高采购效率，确保政府支出更加透明。

政府采购的全过程必须贯彻公开透明的原则，具体表现在三个方面，如表1－1所示。

表1－1　公开透明原则的三大内容

内容	具体表现
公开的内容	政府采购应该公开的信息包括政府采购的法规政策，省级以上人民政府公布的集中采购目录、政府采购限额标准和公开招标数额标准，政府采购招标业务代理机构名录，招标投标信息，财政部门受理政府采购投诉的联系方式及投诉处理决定，财政部门对集中采购机构的考核结果，采购代理机构、供应商不良行为记录名单等
公开的标准	政府采购信息公开应该遵循四大标准，分别是内容真实、准确可靠、发布及时、便于查找
公开的途径	政府采购信息应该通过省级以上财政部门指定的媒体面向全社会公开发布

2. 公平竞争原则

公平竞争原则要求政府采购活动在保证公平的前提下引入竞争机制。因此，公平竞争原则可以细分为竞争性原则和公平性原则。

在政府采购活动中，竞争性原则是一条非常重要的原则。政府采购一个非常重要的目标就是提高采购效率。在市场经济条件下，要实现采购效率的提升必须引入市场竞争机制，让供应商之间展开激烈竞争，形成对买家（政府）有利的局面，从而让政府采购主体可以以较低的价格获得优质的产品和服务。公平性原则包括两方面内容，如表1－2所示。

表1－2　公平性原则的两大内容

内容	具体表现
机会均等原则	政府发布采购招标公告之后，应该允许所有有兴趣的供应商参与竞争，不能随意拒绝某一位供应商参与
待遇平等原则	政府采购应该对所有参与者一视同仁，让其享受同等的待遇，例如采购机构必须为所有投标人提供相同的信息，使用的资格预审与投标评价标准必须一致

政府采购只有以公平为前提，才能让竞争发挥出最大的作用，才能真正选择到可以提供质优价廉产品或服务的供应商，才能确保政府采购目标的实现。

3. 公正原则

公正原则指的是采购人、采购代理机构、政府采购主管部门等在面对投标人、潜在投标人、被监督人时应该保持中立、公允，不偏不倚，平等对待，尤其不能因为对方身份的不同而实行差别对待。

采购人、采购代理机构要对所有投标的供应商一视同仁，按照招标书的规定进行评标；政府采购主管部门在面对被监督人时，必须客观公正地评价其行为，切忌厚此薄彼、区别对待。

4. 诚实信用原则

市场经济具有双重属性，既是法制经济，也是信用经济，需要各参与主体凭借诚实信用的良好品质形成良好的社会风气，保证市场经济有序运行。对于政府采购活动来说，诚实信用原则可以对各参与主体的行为形成约束。

一方面，基于诚实信用原则，采购主体在项目发标、信息公布、评标审标等过程中的所有行为都必须真实，不能有所隐瞒；另一方面，基于诚实信用原则，中标的供应商应该树立责任意识，按照投标时所做出的承诺提供物品或服务。

（三）政府采购监管部门的职责

①建立健全政府采购管理制度，实行采购与管理分离。

②建立健全政府采购竞争机制与制约机制，保证政府采购活动公开、公

平、公正。

③大力推进电子采购，提高采购效率，让采购活动更规范、更透明。

④积极落实各项政府采购政策，充分发挥政府采购政策的功能，助力社会经济发展。

⑤做好政府采购评审专家库的建设与维护工作，按照“统一条件、分级管理、资源共享、随机选取、管用分离”的原则对评审专家进行管理。

⑥对参与政府采购的各主体进行监督，对违法、违规行为进行查处。

⑦坚持公平、公正、简便、高效的原则，遵循相关法律法规对投诉事项进行处理，包括公民、法人及其他组织对政府采购违法行为的控告与检举。

⑧接受人民代表大会、纪检、审计等政府部门以及社会公众、新闻媒体等社会各界的监督。

⑨政府采购监督管理部门的工作人员必须遵守相关法律法规，恪尽职守，严禁滥用职权、玩忽职守、徇私舞弊，如果做出违法行为，必须依法承担相应的法律责任。

（四）政府采购当事人的职责

①加强对本部门的管理，建立部门政府采购管理制度，明确划分职能机构，实现决策、执行、监督分离。

②采购人需要从在职员工中选择任命专职采购员，采购员必须具备较高的政治素养，对待工作认真负责，具有较强的协调能力与较高的业务水平。任命之后，采购人要明确其工作职责，对本部门的政府采购工作进行协调、指导。

③采购人要负责对政府集中采购目录中规定的或者限额标准以上的货物、工程、服务进行采购。

④采购人要根据政府部门公布的优先采购产品目录，优先采购环境保护产品、节能产品、自主创新产品等。

⑤采购人的采购活动要遵循四大原则，即采购价格低于市场价、采购效率高、产品质量好、售后服务好。

⑥采购人要遵循《政府采购法》规定的保密制度与回避制度。

⑦采购人要接受政府相关部门的监督，包括财政部门和其他对政府采购活动享有监督权的部门，如实反映情况，并提供有关材料。

⑧采购人不能擅自更改采购方式，对于应当通过公开招标的方式采购的货物或者服务，采购人不能选择其他方式进行采购。

⑨采购人不能向供应商索贿，不能接受供应商的贿赂，不能用自己掌握的权力牟取不正当利益。

⑩采购人不能与采购代理机构、评审专家、供应商联合起来侵吞国家财产，损害公共利益。

⑪如果采购人违反相关的法律法规，要依法承担相应的法律责任。

（五）政府采购代理机构的职责

①采购代理机构要完善内部管理与控制制度，对员工的各种行为进行规范，为政府采购部门提供更优质的服务。

②采购代理机构要按照政府采购流程与执行程序对岗位设置进行优化，让政府采购的各个环节实现无缝衔接，切实提高采购质量与效率。

③采购代理机构要依法接受采购人的委托，秉持公开、公平、公正、诚实信用的原则，通过已经确定的采购方式和法定的采购程序开展采购活动。

④采购代理机构的员工必须具备较高的专业素养，通过政府采购监督管理部门的考试与测评，持证上岗。

⑤采购代理机构要遵循《政府采购法》规定的保密制度与回避制度。

⑥面对采购人提出的不合理要求，采购代理机构有义务进行指正。在合作过程中，采购代理机构的员工发现采购人做出违纪违规行为要加以劝阻，并向政府采购监督管理部门报告。

⑦采购代理机构要主动履行向政府采购监督管理部门反馈政府采购活动的义务，要将与采购有关的信息及时、全面、准确地反馈给监管部门知晓。

⑧采购代理机构要为政府采购部门提供优质的服务，并按照规定项目与标准收取代理费和其他费用。对于没有中标的供应商，采购代理机构要按时返还投标保证金。

⑨采购代理机构与采购人一样，要接受政府相关部门的监督，包括财政部门和其他对政府采购活动享有监督权的部门，如实反映情况，并提供有关材料。

⑩采购代理机构不能伪造证件与信息骗取代理资格，否则要承担相应的

法律责任。

⑪采购代理机构不能向采购人行贿，或者采取其他不正当手段获得代理资格。

⑫采购代理机构不能和政府采购活动的其他参与主体串通损害集体利益，包括采购人、评审专家、供应商等。

⑬采购代理机构收到供应商提交的投标保证金之后，不能擅自扣押、没收。

⑭采购代理机构违反《政府采购法》的相关法律法规，要依法承担相应的法律责任。

（六）政府采购评审专家的职责

①评审专家，尤其是经济专家、技术专家要具备较高的专业素养，而且要拥有良好的职业道德，熟悉与政府采购有关的法律法规，可以胜任评标工作，严格遵守评标纪律，履行评审职责。

②评审专家在评标的过程中要遵循公平、公正、诚实信用的原则，客观、真实地给出评标意见，并对自己的评标意见负责。

③评审专家在评标过程中发现供应商做出违规违法行为，要采取措施加以制止，并立即向采购组织机构和相关的监管部门反映。

④评审专家要主动接受政府采购监督管理部门的监管。

⑤评审专家要遵守《政府采购法》规定的保密制度与回避制度。

⑥面对供应商的质疑或投诉，评审专家要配合采购组织机构与采购代理机构做出回应，并进行处理。

⑦评审专家不能以政府采购的名义做出有损政府形象的行为。

⑧评审专家不能索贿受贿，不能利用自己手中的权力牟取不正当利益。

⑨评审专家不能与政府采购活动的其他主体联合侵害国家财产、损害公共利益，包括采购人、采购代理机构或供应商。

⑩评审专家违反政府采购的相关法律法规要依法承担法律责任。

（七）政府采购供应商的职责

①供应商只有符合相关法律法规规定的条件才能参与政府采购活动，参加之前要先在当地政府采购管理交易平台进行注册，按照要求提交资料，接

受采购人或者采购代理机构的审查。供应商提交的资料必须真实，不能弄虚作假。

②供应商要秉持公平竞争、诚实信用的原则参与政府的采购活动，遵守政府采购评审纪律。

③中标的供应商要按照规定与采购人签订采购合同，严格按照合同要求与规定开展采购活动。

④对于未中标供应商的质疑与投诉，供应商要配合采购人和采购代理机构进行答复。

⑤供应商不能与采购人、采购代理机构串通，以不正当的手段中标。

⑥供应商不能进行恶意投诉，妨碍政府采购活动正常进行。

⑦供应商不能向熟悉投招标流程、有权决定招标结果的采购人、采购代理机构以及评审专家行贿，以不正当的方式中标。

⑧供应商不能和政府招标采购的其他相关主体串通侵吞国家财产、损害公共利益，包括采购人、采购代理机构、评审专家等。

⑨供应商违反法律法规要承担相应的法律责任。

二、政府采购招标方式与实施程序

（一）公开招标采购的实施程序

公开招标是一种无限竞争性招标。一般来说，在正式招标之前，招标人会先在公众出版物上发布招标信息，吸引符合条件的供应商和承包商参与投标竞争，再从中选择最优竞标人作为中标者。

当然，这一切都需要在法定程序和法律范围内展开。货物招标、工程招标、服务招标等只要招标金额达到公开招标标准都可以采用公开招标的方式进行。根据国务院发布的相关文件，单项或批量采购金额一次性达到 120 万元以上的货物或服务、200 万元以上的工程都应该公开招标。

1. 公开招标的条件

招标人可以向三类对象发出投标邀请：第一类是不特定的法人；第二类是不特定的其他组织；第三类是不特定的个人，例如一些科研项目的公开招标就可能有个人参与。

招标人需要通过公共媒体公布招标信息，招标信息包括招标项目、拟采购设备、工程内容等信息，所邀请的对象必须是不特定的人或组织。任何法人、组织、个人只要满足招标要求，都可以向招标人索要招标文件并参加投标活动。招标人在采用公开招标方式后不能拒绝向有资质的投标人出售招标文件，也不能在依法必须招标的项目中以任何借口限制潜在投标人参加投标。

公开招标必须通过公共媒体向社会公众公布招标要求，尽可能多地吸引潜在投标人进一步了解招标信息和参与投标，这种方式可以有效保证公开招标的公开性和公正性。在现实生活中，人们经常能在报纸或网络上看到一些招标通告，这些都属于公开招标。公开招标人不能采取写信、发邀请函、邮寄等方式向个别供应商或承包商发布招标信息，否则便不属于公开招标。常见的公共媒体，如报纸、广播、媒体网站等都可以作为公开招标公告的发布途径。

2. 公开招标的优缺点

公开招标的优缺点如表 1 –3 所示。

表 1 –3　公开招标的优缺点

	具体内容
优点	①可以在最大范围内选择竞标商； ②由于竞标人数较多，竞争性也会更强，择优率也会更高； ③可以有效避免竞标过程中的贿标行为
缺点	①投标人比较多，招标成本比较大，耗时比较长，所以，一些小规模的招标不宜采用这种方式，例如小额采购标、小规模项目标等； ②一些专业性比较强的项目往往需要相关领域的专业投标人承接，这种招标活动的潜在投资人比较少，更适合采用邀请招标的方式，同样，一些短时采购任务也是如此

3. 公开招标的评标方法

（1）最低评标价法

这种评标方式是以价格为主要因素来确定中标供应商。当竞标者完全满足招标要求时，招标者可以根据竞标者的报价，评定最低报价供应商，并将其作为中标供应商或中标候选供应商。

（2）综合评分法

这种评标方式是根据价格、技术、信誉、业绩、服务、财务状况等多种因素综合评定中标供应商。具体来说，当竞标者全部满足招标要求时，招标者根据招标文件规定的各项要素对竞标人进行综合评分，并将得分最高者作为中标供应商或中标候选供应商。

（3）性价比法

这种评标方式是在去除价格评分因素之后，根据投标文件规定的其他各项要素计算每个投标人的总得分，再将这一总得分除以对应投标人的投标报价，最后将商数最高的投标人作为中标供应商或中标候选供应商。

4. 公开招标的注意事项

投标人必须一次性报出投标报价，且不能在确定中标候选人之前更改投标报价。

无论开标一览表（报价表）与投标明细表中的内容是否一致，都以开标一览表（报价表）为准。

投标者必须满足招标文件中明确规定的重要技术参数（一般打＊号）。

在正式投标时，供应商需要按照招标文件规定缴纳投标保证金。

投标者必须按照招标文件的相关规定对投标文件进行密封、签署、盖章。

投标者必须按照招标文件的相关要求将投标文件中的资格证明材料完整、有序地提供给招标者。

5. 公开招标的意义

公开招标通过在各大媒体上公开发布招标信息来获得更多关注，公开程度比较高，投标人数比较多，竞标过程比较激烈，投标人的选择空间比较大，招标活动所需费用比较高，竞标耗时比较长，总体程序也比较复杂。

与公开招标不同，邀请招标的招标范围有限，通常是局限在一定范围内发布招标信息，招标竞争不是特别激烈，招标人的选择空间比较小，竞标活动耗费的时间成本和金钱成本比较少，但作弊机会可能更多。

因此，与邀请招标相比，竞标人在公开招标过程中更容易获得公平竞标的机会。《中华人民共和国招标投标法》（以下简称《招标投标法》）鼓励政府或企业以公开招标为主，以邀请招标为辅，即政府和企业在招标过程中应优先考虑公开招标的方式，若存在特殊情况也可以采用邀请招标方式。

《招标投标法》规定，不适应公开招标的国家重点项目和地方重点项目也可以经过相关部门批准进行邀请招标。通过深入分析可以发现，这项规定的主要意义是希望政府和企业尽可能地优先采用公开招标方式。

（二）邀请招标采购的实施程序

邀请招标也称选择性招标，是由采购人根据供应商或承包商的资信和业绩，选择一定数目的法人或其他组织（不能少于3家），向其发出投标邀请书，邀请他们参加投标竞争，从中选定中标供应商的一种招标方式。

1. 邀请招标的适用范围

采用邀请招标方式采购的货物或服务需要满足以下条件：①具有特殊性，只能从有限范围的供应商处采购。②公开招标采购的成本在政府采购项目总价值中的占比过大。

2. 邀请招标的实施流程

（1）发出投标邀请

招标人要选择3个以上的特定法人或其他组织参与招标，这些投标人一方面要具备承担招标项目的能力，另一方面要具有一定的资金实力和良好的信用，同时还要满足基本的招标要求。招标人需要通过招投标中心向这些投标人发出投标邀请书，并在招标分中心和监管部门对邀请投标单位名单进行备案，才能顺利开展投标活动。

（2）发售招标文件

招标人和被邀请投标人都应该按照投标邀请书上标明的时间、地点参加招标文件发售活动，例如招标人要在规定时间在招投标中心发售招标文件，被邀请投标人要在规定时间在招投标中心获取招标文件。在获取招标文件时，被邀请投标人需要出示有效交易席位证。在这个过程中，招标分中心会为招标双方提供证明服务。另外，招标人还要将一份招标文件交由招标分中心备份。

（3）组织答疑会议

招标人可以根据自身需要组织答疑会议，分批邀请潜在投标人参加答疑活动。投标人如果对招标文件中的内容存在疑问，就可以向招标人提交写有需要澄清问题的函件，并要求招标人在答疑会议上对问题进行澄清，然后再以书面形式通知所有潜在投标人。不过，招标人不能在答疑活动中透露其他潜在招标人的名称和数量，也不能透露任何可能影响公开竞标的其他情况。

（4）提交投标保证金

投标文件中标明了提交保证金的时间和地点，投标人只需要根据约定的时间和地点及时提交保证金即可。如果投标人没有在约定时间缴纳投标保证金，将会失去投标资格。在提交保证金时，投标人需要以自身名义提交，不能由其他单位代交，否则所提交的保证金会被视为无效，投标人依然会失去投标资格。在投标活动结束后，招标方会将投标保证金退给投标人。

（5）编制招标标底

有些招标活动还需要设置标底，标底的编制者既可以是招标人，也可以是委托机构。

（6）落实开评标场地

在正式开标前的五个工作日内，招标人需要在招标中心或招标分中心办理相关手续，明确开标时间、评标时间以及相关场地。

（7）抽取评标专家

招标人需要抽取评标专家组成评标委员会。各级省、市、县都有自己的评标专家库，招标人需要按照法律规定从中随机抽取若干评标专家组建评标委员会。有抽取评标专家资格的人一般分为两类：一是招标人；二是招标人授权的招标代理机构。在抽取评标专家的过程中，抽取人一方面要向相关单位提交法定代表人委托书，另一方面需要提交抽取人身份证明。在审核完招标人的评标办法后，投招标监管人员会最终确定评标专家的抽取数量。抽取的评标专家分为外地专家和本地专家，在开标大会前 24 小时要完成外地专家的抽取工作，在开标大会前 1 小时要完成本地专家的抽取工作。招标人代表和监管人员需要同时在抽取评标专家的现场，抽取工作主要由招投标中心专职人员完成。另外，所有参加抽取评标专家活动的人员必须对专家信息严格保密。

（8）接受投标文件

投标人在编制投标文件时要严格遵守招标文件的相关要求，将编制好的投标文件递送给招投标中心。招标人到招投标中心签收投标文件，并向工作人员出具签收人和签收时间的证明。

（9）开标会议

开标会议的主持人是招标人，开标会议的召开时间是招标文件中规定的提交投标文件的截止时间，开标会议的召开地点一般是招投标中心的开标室。开标会议要严格按照流程进行，并由监督部门的工作人员予以监督。

（10）评标

评标地点一般是在招投标中心的评标室，评标委员进入评标室需持证入场。在评标过程中，评委要根据招标文件规定的评标程序和方法进行评标并生成相关报告。评标报告的作用是向招标人推荐中标候选人。评标活动同样需要监督部门予以监督。评标委员会除了要向招标人提供评标报告外，也要向招投标监管部门递交一份评标报告。评委在评标过程中还可以根据需要按规定组织询标。

（11）确定中标人

招标人确定中标人有两种方法：一种是委托评标委员会确定中标人；另一种是根据评标报告按优先顺序确定中标人。

（12）招投标书面报告

招标人需要详细了解《招标投标法》中关于招投标书面报告的规定，并按照相关规定向招投标监管部门提交书面报告，报告招投标的具体情况。

（13）中标通知

投标分中心要在投标结束后打印中标通知书和未中标通知书，然后由招标人将中标通知书派发给中标人，将未中标通知书派发给未中标人。

（三）询价采购的具体实施程序

询价采购是一种常用的采购方式。人们在购物时通常喜欢“货比三家”，这就是一种简单的询价采购。具体来说，在询价采购过程中，采购人需要向供应商递交询价通知书，获得供应商以书面形式提交的报价，通过比较不同供应商的报价选出最优供应商。

1. 询价采购的特点与适用范围

（1）询价采购的特点

询价采购有两个特点：一是采购人至少要邀请 3 家或 3 家以上的供应商进行报价；二是供应商一旦报价便不能更改。

（2）询价采购的适用范围

一些政府采购项目可以采用询价采购，例如货物规格、标准需要保持统一的采购项目，现货货源必须充足的采购项目，货物价格变化幅度较小的采购项目等。由于询价采购普遍适用于现有货源丰富、价格变化幅度较小的采购项目，所以如果采购人对货物规格和标准有特殊要求则不适合使用这种采购方式。

2. 询价采购的实施流程

询价采购需要遵循以下流程：

成立询价小组：一个标准的询价小组至少由 5 人组成，且要由 5 人及以上的单数人员组成。询价小组成员包括采购人代表和相关专家。其中，专家人数至少要为小组成员总数的 2/3。询价小组要对两方面内容做出规定：一是项目价格构成；二是成交的标准。

确定被询价的供应商名单：询价小组按照采购需求挑选出 3 家或 3 家以上的供应商，然后向他们发送询价通知书，邀请他们报价。

询价：被询价的供应商只有一次报价机会，一旦报价便无法再更改价格。

确定成交供应商：采购人通过综合考虑采购需求、质量、服务、价格等因素，坚持需求对等、报价最低等原则确定成交供应商，并将结果通知给未成交的供应商。

（四）单一来源采购的实施程序

单一来源采购又称直接采购，这种采购方式符合招标限额标准，也符合公开招标数额标准，特点是货源渠道单一，所购产品可能是专利产品，也可能是首次制造产品，还可能是合同后续追加的产品。原有采购项目需要扩充时可以采用这种采购方式，政府因特殊情况不能从其他供应商处采购时也可以采用这种采购方式。

1. 单一来源采购的试用范围

单一来源采购适用于符合以下情形的货物或服务采购：①采购方只能从某一特定供应商处采购货物或服务。②采购方因为特殊情况无法从其他供应商处采购所需货物或服务。③要确保新采购项目与原有采购项目保持一致，或与原有服务配套，保证新采购是从原供应商处添购，新采购的总金额低于原合同采购金额的 10%。

2. 单一来源采购的实施流程

（1）提出采购理由和依据

采购人或代理机构在提出以单一来源采购方式实行政府采购活动的时候，需要提出相应的理由和依据，然后以书面形式上报政府采购监督管理部门。政府采购监督管理部门对书面报告进行审核，审核通过后，向采购人或代理机构下达《政府采购计划下达函》。

（2）成立采购小组

采购人成立采购小组，并与供应商就已经确定的单一来源采购方式进行洽谈。采购小组的成员数量必须是3人以上，并且是单数组成，小组成员可由纪检、财务、装备等业务部门的人员担任。如果需要聘请专家，可以采取两种聘请方式：一是从政府采购评审专家库中筛选并聘请；二是从其他行业专家中聘请。如果政府采购活动是由政府采购代理机构组织开展的，同时采取单一来源采购方式，那么政府采购代理机构同样需要按照以上程序组织采购。

（3）编制单一来源采购文件

采购小组应根据采购需求编制单一来源采购文件，采购文件内容一般要包括采购项目需求、技术要求、服务要求等。与此同时，采购小组还要拟定洽谈方案，洽谈方案需包括价格承受上限、质量最低保证、服务要求、应变措施等内容。需要注意的是，在正式洽谈之前，采购小组要对洽谈方案严格保密。

（4）单一来源采购文件备案

在洽谈活动开展前，采购人需要向政府采购监督管理部门对相关文件进行备案，包括洽谈方案、单一来源采购文件等。在备案过程中，政府采购监督管理部门需要审查采购文件或洽谈方案的内容是否符合相关政策，是否准确、公正。如果发现采购文件或者洽谈方案不符合要求，需提出书面修改意见，并反馈给采购人。采购人修改后再重新进行报备。

（5）发出洽谈邀请

采购人邀请供应商参与洽谈活动，并提供采购文件。

（6）组织采购洽谈

供应商根据采购文件的相关要求编制响应文件，然后携带相关资质证明文件和响应文件在规定时间到达相应地点参加洽谈。政府采购监督管理部门和其他有关部门可以对洽谈活动进行现场监督。在洽谈之前，采购小组需要对供应商授权代表的身份和响应文件进行验证。如果发现供应商授权代表身份与响应文件不符，采购小组要拒绝与之洽谈。

如果供应商授权代表身份与响应文件相符，采购小组要与供应商进行合理洽谈，洽谈内容既要体现采购文件的相关要求，又要充分发挥洽谈方案的作用，同时还要遵循物有所值和价格合理的原则。另外，供应商还可以在洽谈过程中对响应文件进行修改。

供应商可以提供不同项目内容，包括货物、工程、服务。如果供应商提供的项目内容的质量、数量和服务可以满足政府采购需求，并且最终报价不高于政府采购预算，或者不超出洽谈方案拟定的价格承受上限，那么采购小组便可以确认采购成交，同时出具成交报告。

如果供应商提供的项目内容的质量、数量和服务不能满足政府采购要求，或者最终报价高于政府采购预算，或者最终报价超过洽谈方案拟定的价格承受上限，又或者双方经过洽谈无法达成一致意见，那么采购人就需要重新调整政府采购项目预算额，或者重新调整采购项目配置标准，上报政府采购监督管理部门，获得部门审批同意后再继续洽谈。如果采购人不能重新调整政府采购项目预算额，或者不能重新调整采购项目配置标准，那么该采购项目将被取消。

采购人应派遣专人记录洽谈过程，并将记录资料存档备查。

（7）发出成交通知书

在出具成交报告之后，采购人应将成交通知书及时发送给供应商。

在向供应商发出成交通知书以后，采购人如果改变成交结果，应当承担相应的法律责任；成交供应商如果放弃成交，也应当承担相应的法律责任。

（8）采购资料备案

成交报告形成后，采购人应在 3 个工作日内向政府采购部门报送相关资料文件，包括成交报告、采购小组名单等。

在备案资料时，政府采购监督管理部门如果发现洽谈工作规则与洽谈方案、洽谈标准存在实质性不符，或者发现采购小组没有按照洽谈方案和洽谈标准进行洽谈，则需要认定本次采购无效，并责令采购人重新开展采购活动。

（五）竞争性谈判采购的实施程序

竞争性谈判是采购人或代理机构通过与 3 家以上的供应商进行商业谈判，并最终确定中标供应商的一种方式。具体而言，竞争性谈判采购的特点如表 1 –4 所示。

表 1－4　竞争性谈判采购的特点

序号	特点
1	减少准备时间，更快地发挥采购项目的作用
2	减少开标、投标等工作，提高工作效率，减少采购成本
3	有助于供求双方进行更深入的交流和更灵活的谈判
4	有助于保护民族企业和民族工业
5	有助于激励供应商利用高科技应用采购产品，避免和转移采购风险

1. 竞争性谈判的适用范围

招标后没有供应商投标或者没有合格标的或者重新招标未能成立的。

技术复杂或者性质特殊，不能确定详细规格或者具体要求的。

招标所需时间不能满足用户紧急需要的。

不能事先计算出价格总额的。

2. 竞争性谈判采购的实施流程

通过竞争性谈判进行采购需要遵循以下程序：

成立谈判小组：谈判小组既要包括采购人代表，又要包括有关专家，人数要在 5 人以上，且必须是单数。其中，专家的人数至少为成员总数的 2/3。

制定谈判文件：谈判文件要明确谈判程序和谈判内容，既要包含合同草案的条款，也要包含评定成交的标准。

确定邀请参加谈判的供应商名单：如果符合谈判资格的供应商比较多，谈判小组需要从中挑选出 3 家以上的优质供应商参与谈判，并向其提供谈判文件。

谈判：在正式谈判时，谈判小组成员要分别与每一位供应商进行谈判。在谈判过程中，谈判双方不能透露其他供应商的报价、技术、信誉、业绩、服务、财务状况等信息。如果谈判文件发生变化，谈判小组需要以书面形式及时通知所有参与谈判的供应商。

确定成交供应商：供应商在谈判结束后要在规定时间内向谈判小组做最后报价；谈判小组根据供应商的最后报价和提交的信息筛选出成交候选人；采购人根据采购需求、产品和服务质量、最终报价等从成交候选人名单中确定成交供应商；将谈判结果通知给所有参加谈判的供应商。

3. 竞争性谈判的注意事项

在招标未成立之时，竞争性谈判是一种良好的后备采购方式，能够满足采购机构的采购需求。

在谈判过程中，所有供应商的报价都不会对外公开。

谈判文件可以由谈判小组根据需要进行调整，而供应商必须按照最新版谈判文件的相关要求重新报价。

谈判小组与每一位供应商之间的谈判都是单独进行的，且每一位供应商的谈判次数相等。

供应商的最后一次报价是决定能否成交的关键。

三、政府采购协议供货的实施流程

（一）协议供货制度的主要特点

协议供货制度源自西方，在西方发达国家已有较长的历史，是资本主义商业长期发展的结果。协议供货制度的有效履行有赖于供需双方拥有良好的信用等级，彼此之间可以充分信任。只有在协议双方都能保持诚信的基础上，供货合同才能长期有效地履行，商业欺诈才不会发生。

采购人和供应商之间的合作通常是长期的，在长期的商业往来中，彼此建立起可靠的商业信用基础。在这种基础上，采购人和供应商通过协议方式达成长期供货合同，形成协议供货。

协议供货在西方发达国家的应用比较广泛，特别是在政府办公用品、劳保用品、通用设备、基础设施建设材料等项目采购中。协议采购的供货合同规定了有关商品的多项条款，具体涉及商品品种、规格、数量、供货期限、付款方式、索赔、优惠率等。通常来说，协议供货的供应商不仅拥有良好的商业信誉，也拥有雄厚的实力。

（1）政府协议采购与协议供货

政府协议采购指的是采购人以协议的方式采购政府集中采购目录内的通用政府采购项目（不含工程采购项目）。这种采购一般通过招标进行，供应商相对固定。除了供应商要统一确定外，供应商供应产品的品牌、型号、配置、价格、优惠率、供货期限、服务承诺等内容也要统一确定，且要以协议的方式加以明确。采购人一般会根据协议向供应商进行长期采购。

协议供货的项目通常为大型通用类产品采购项目，产品的规格和标准相对统一，产品数量和品牌较多，市场货源比较充足。协议采购的有关文件应在政府采购网站上公开发布，内容包括相关通知、设备清单、产品价格、服务承诺等。供应商应在协议供货制度推行后根据供货协议向采购人提供优质商品。在政府采购中，基于协议供货的供应商起到了“配送中心”和“配送枢纽”的作用。

（2）协议供货的特点

协议供货的特点如表1－5所示。

表1－5　协议供货的特点

序号	特点
1	适用于初级产品、工业原料、办公用品、标准耗材等标准化产品的大规模采购
2	需要协议双方相互信任，彼此讲究诚信以及长期合作
3	协议供货的采购合同是主要条款基本保持不变的标准化合同，在产品指标方面有特别要求
4	协议供货采购可以是一对一、一对多、多对多模式，有利于形成规模效应、节约成本
5	协议供货通常采用提前招标和长期供货方式，可以及时满足采购者的需求，能够对供应商形成有效的保护和支持，并能促进其树立商业诚信

（3）协议供货与定点采购的比较

定点采购具有一定的优点，它在过去的采购实践中取得了一定成绩，同时也产生了诸多问题，例如难以保证定点供应商的服务。由于定点采购存在着一些硬性问题，逐渐被一些地方淘汰。协议供货制比定点采购更具优势，这些优势主要体现在以下两个方面：

①协议供货的采购流程更加规范、透明，可以通过公开招标的方式组织进行。中标供应商会签订书面承诺书，做出的服务承诺更能受到法律的约束。

②协议供货拥有严格的审查制度，可以大大增强政府采购执行的规范化和标准化；同时由于其采用了国库集中支付制度，所以更加方便审计部门的工作。

（二）协议供货制度的适用范围

协议供货的适用范围主要包括以下几个方面：

①所采购商品是大规模、标准化和货源充足的商品，例如办公用品、工业原料、初级产品、标准耗材等，这些商品的市场价格相对平稳，品种规格

比较单一，清算起来相对容易。

②协议供货需要以商业诚信为基础。协议供货是一种基于商业诚信的采购方式，是资本主义商业成熟发展的结果，供需双方需要充分信任才能实行协议供货，基于诚信的协议供货有利于避免商业欺诈。政府指定的协议供货供应商一般是商业信用良好的大型企业，这些企业拥有雄厚的实力和强大的行业影响力。

③协议供货使用的采购合同通常是标准化的合同，其主要条款与其他标准合同主要条款基本一致，但是在商品的指标方面有更严格的规定，这些具体的指标可以在持续供货中反复使用。

④采购者和供应商之间的协议供货采购形式多样，可以是一对一，也可以是一对多或多对多，后两种形式有利于形成规模效应，节省财政支出。

在多对多的采购方式中，将有多个中标供应商为采购人供货，商品的选择比较多，可以满足用户的多样性需求。通过一次招标实现多次采购，将采购活动集中起来，这样有利于形成规模效应，从而节约招标成本和采购成本。提前招标和长期供货的采购模式可以及时满足采购者的需求，为公共建设提供及时、有力的支撑。

协议供货方式最显著的好处在于能节省采购成本。在采用协议供货之后，采购者在每次采购时不必再劳心费神地寻找合适的供应商，也不必再一一审核供应商的资质条件，更不用频繁地签订各种合同。这种采购方式原本只是在一些大企业、大公司中流行，随着其优势日渐凸显，才逐渐被引入政府和国防采购。目前，协议采购被广泛应用于以下政府采购项目：一是政府办公用品采购；二是基础设施建设材料采购；三是军队劳保用品采购；四是武器装备采购。

（三）政府协议供货的实施流程

政府协议供货采购的一般程序如下：

1. 确定供应商

协议采购的供应商，政府采购中心会通过公开招标或者其他方式，遵守公平、公正、公开的原则择优选择。协议采购的供应商一般为一年或两年一招一定。为了防止形成垄断，政府采购中心一般会选择 2 ~3 家供应商作为协议采购的供货对象，让供应商之间保持良性竞争，以保证协议采购的质量。

同时，对于入选的供应商，政府采购中心还会进行动态管理，从服务承诺、服务态度、价格优惠等方面对供应商进行定期或不定期的考核，采取优胜劣汰的方法，将不合格的供应商及时清退，从而提高产品质量与服务水平，保证协议供货采购取得较好的效果。

在协议供货模式下，有些采购单位会直接邀请某一家公司单独协商，通过这种方式确立的协议供货合同违背了公开透明、公平竞争的原则，无法进行公众监督，很容易产生非法交易。政府采购中心在选择供应商时要极力避免这种情况发生。另外，政府采购中心应该在公开招标文件中明确供应商报价的标准为“相对数”，协议供货的参考价格为“产品或服务的适时价×让利率（或折扣率）”，实际采购价格不能高于参考价格。一旦某家供应商被确定为协议供货单位，在协议供货期内，其所呈报的让利率不能无故发生变动。

2. 实施采购

在采用协议供货采购时，采购人应该根据政府采购预算和供应商承诺与协议供货商洽谈，确定采购商品的品牌、规格、价格、售后服务等内容。采购人要将公布的中标价格作为最高限价，充分比较各品牌设备的性能和服务，做到“货比三家”，并以不高于中标价格的成交价格进行商谈。之后，采购单位和供货商正式签订《政府采购协议供货合同》，双方当事人各保存一份，同时将合同文本备份交由政府采购中心留存。

与一般的买卖协议相比，协议采购模式下的供货协议应该做到以下几点：

①注明供货有效期。政府采购中心选定的供货商要按照政府采购协议供货承诺书与协议书中的承诺，向采购单位供应中标产品或服务。供应商选定之后，政府采购中心要通过政府采购网将中标供应商及供应商名单、中标品牌、产品规格与型号、产品优惠率、产品价格与服务承诺等公示出来，尤其要注明供货的有效期。

②注明协议供货的价格。协议供货的价格要以政府采购中心招标时的中标价格为准。需要注意的是，中标价格为最高上限，让利率为最低优惠幅度。中标价格涵盖了中标产品安装、调试、技术支持、操作人员培训等诸多费用。在实际采购过程中，采购单位可以自行与供应商协商获得最低的采购价格。

协议供货价格的计算方法为“采购时的网络报价 × 中标折扣率”，其中“中标折扣率”指的是需求方购买中标产品时所能享受的最低折扣率。在签订采购合同之前，采购单位可以围绕采购价格、产品服务条款、付款方式等问题与供应商协商。同时，在签订采购合同之前，采购单位还可以登录政府采购网查询本期协议供货产品的具体配置、价格、售后服务等信息。如果采购单位发现协议供货商的产品价格高于市场平均价格或者非政府采购的价格，要及时向采购中心反映。

3. 确立价格调整机制

为了适应市场变化，中标供应商的投标价应该为政府采购的最高限价，其提出的折扣率应该是政府采购的最低折扣。如果标的物的市场统一公开售价有所下降，中标供应商必须按照相应幅度向下调整投标价，同时及时将投标价的调整情况上报政府采购中心审核。如果标的物的市场统一公开售价上调，或者由于产品按季更新需要重新确定价格，政府采购中心要按不低于中标时的折扣率进行审查确认。

政府采购中心会随时对协议供货价格进行抽查，如果协议供货价格明显高于市场平均价格，或者供应商没有按照规定及时调整标的物价格，政府采购中心会将这种行为作为供应商的不诚信记录，并将其作为下一年度协议供货招标的评审因素。

4. 建立政府采购协议管理系统

协议供应商具有合同修改权和产品管理权，可以在政府采购网站上通过登录“协议采购管理系统”修改合同和管理产品，采购单位可以通过登录“协议采购管理系统”查看最新的合同。

5. 组织验收

采购单位按照技术要求和质量标准组织采购货物验收，验收合格后，由财政部门及时向供应商支付货款。评价小组填写《政府采购协议供应（货）商诚信评价表》，报送政府采购中心备案。

6. 付款方式

在采取集中支付时，供应商需要按月汇总货款，并在 7 日内向政府采购中心提出拨付申请。政府采购中心需要对《政府采购协议采购供货单》、《政府采购协议供货合同》、发票、验收单等进行审查，然后按照相应支付程序办理资金拨付手续。如果采购资金属于采购单位自筹资金，或者财政部门将采购资金下拨到采购人的银行账户，则由采购单位或采购人直接向协议供货经销商支付货款，如无特殊理由，不得拖延或拖欠经销商的货款。

（四）政府协议供货的监管策略

1. 协议供货的潜在问题

（1）个别供应商承诺无法兑现

供应商为了中标，通常会在竞标过程中承诺高质量、低价格和完善的服务，但在中标之后，在履行合同的过程中却会出现很多执行问题，例如商品的质量变差、价格升高、供货期延长、售后服务不到位、服务质量下降等。这些问题很容易导致采购单位不满意，使政府采购工作陷入被动，不仅背离了政府采购的宗旨，也难以达到协议供货的目的。

（2）协议供货价格偏高

在协议履行的过程中，协议供货价格高于中标价格的情况时有发生，这主要是因为市场价格波动后，采购中心没有根据市场价格变化及时调整并更新相应价格。而采购中心对价格的掌控力度不足，可能会使一些供应商趁机牟取不法利益。例如，有些产品涨价后，供应商会以缺货为由拒绝供货，从而抬高产品价格；市场价格降低之后，有些供应商不主动调低售价，仍以高价出售，导致采购价格过高，无法达到协议供货的目的。

（3）协议供货品牌较为单一

协议供货采购应该在指定范围内选择项目内容，特别是对货物类采购项目来说，这一特点尤为明显。协议供货采购应该在满足政府采购需求的同时，尽量降低设备的采购价格。从政府采购的大局出发，采购单位需要积极配合政府采购工作。但这对一些采购单位来说并不容易，需要时间去适应、磨合。

（4）区域保护主义影响协议供货质量

受税收因素和地区保护主义影响，许多地区在进行协议供货招标时更倾向于选择本地的供应商。这种做法会大幅度缩小供货商的选择范围，降低供应商的质量和数量，不利于形成强有力的竞争。

2. 协议供货的监管策略

协议供货虽然有许多优势，使用也较为普遍，但还没有形成统一的采购行为管理制度以及具体的操作法律规范。在这种情况下，政府采购部门采用协议供货采购反而容易出现很多问题，例如变相垄断、暗箱操作、舞弊等。

为了防止这些问题出现，相关部门需要加强对协议供货采购的监督和管理，针对协议供货采购研制出一套专门的管理制度，规范协议采购行为，指导协议采购活动顺利实施；在《政府采购法》的基础上完善政府协议供货采购的配套政策制度，例如制定“政府采购协议供货管理办法”“政府采购协议供货质疑办法”等。

政府在协议采购的过程中要把好“四大关”，分别是供应商选择关、品牌选择关、价格公示关和质疑处理关，并在对事前、事中、事后的全程进行监督和管理。

选择适合的项目实行协议采购，抓住管理重点，建立协议供货项目的认证制度。如果不加选择地进行协议采购，反而可能影响采购效率。采购单位要综合考虑采购人数、采购金额、协议采购操作的难易程度、是否便于监督管理、供应商权益等多种因素，选择合适的协议采购项目。

在政府协议采购中，采购人与供应商具有直接利益关系，即供应商提供劳务或商品，采购人向其付款，这种关系很容易导致舞弊行为发生，例如一些协议供货单位可能为了私利讨好采购人，从而产生违法行为。因此，相关部门需要完善协议采购资金结算制度，避免类似行为发生。在这方面，最有效的方式是财政部门直接支付，对采购人与供应商形成一定的牵制，实现对采购支付过程的全程监督，同时提高财政资金的使用效率。

如果发现采购单位存在违反合同和法律规定的行为，相关部门一方面要按照《政府采购法》《政府采购协议供货管理办法》等法律法规对其进行严肃处理，另一方面要及时在指定媒体上对其进行通报批评。如果发现供货商存在违法行为，相关部门同样要按照规定让其承担相应的经济、法律责任，并及时对其进行通报批评，取消严重违法者的协议供货资格。

加强对协议供货商的监督和评估，具体来说就是要对供应商进行定期或不定期的跟踪检查，重点检查其产品质量、服务质量、服务满意度等。如果供货项目的规模比较大，还需要派遣专业人员对其进行验收，必要时可以邀请国家认可的质量检测机构参与验收工作。另外，还可以征求采购单位的相关反馈，比如通过发放协议供货满意情况调查表，了解采购单位的反馈意见，同时也要做好相关信息的收集、评估和处理工作。

四、政府采购招标风险与防控措施

（一）政府采购的主要风险因素

由于政府采购的流程比较复杂，环节比较多，覆盖的领域比较广，参与人数众多，所以会面临各种各样的风险，具体包括政府采购预算与实际采购支出相脱离、采购过程缺乏专业人士把控、政府采购政策无法落实到位、采购方案不科学、招标过程中存在串标现象、监管部门职务履行不到位等。下面，我们对政府采购风险的形成原因进行具体分析。

1. 政府采购预算与实际采购支出相脱离

政府采购之前必须编制精准的采购预算，如果政府采购计划不准确、不真实或者与实际情况的契合度不高就可能引发采购风险。为了降低采购风险，采购单位有必要编制一套切实可行的预算方案，以规范采购流程，让采购活动顺利进行。相反，如果采购数量、技术要求与目标偏差较大，会对合同管理与预算控制造成严重的不良影响。

目前，由于预算编制人员的水平参差不齐，再加上在编制预算之前没有进行充分的市场调研，导致预算不精细，或者预算编制与实际情况不符。再加上市场本身存在的风险，例如市场价格不确定等，很容易导致采购活动以失败告终。

虽然整个采购过程遵循了公开、公平、公正的原则，但受市场自我调节与限制的影响，无法保证一定可以采购到质优价廉的产品。而且如果采购单位的领导班子发生变化，还有可能发生项目变更，导致采购预算与实际情况出现较大出入。上述情况都会对采购活动造成不良影响，例如采购服务无法满足实际需求、采购货物的单价过高等。总而言之，不精准的采购预算不仅无法提高资金的利用效率，还有可能导致采购失败，增加采购风险。

2. 采购过程缺乏专业人士把控

很多有采购需求的政府单位因为缺乏高素质人才，很难独立制订采购方案，完成采购任务，最常采用的方法就是将采购任务外包给第三方采购代理机构，与其建立长期的合作关系，或者直接与熟悉的供应商合作编写采购需求，制定供应商资格条件与技术参数。参与制作的供应商因为知晓内情，所以会提前做好准备，或者向其他有意参加投标的供应商透露拟中标的资质条件，为投标做好准备。这种行为会严重破坏政府招标的公平性，在一定程度上增加采购风险。

在政府招标采购中，编制采购文件是一项非常重要的工作。如果没有专业人士的指导，导致采购方案与实际情况出现较大偏差，或者出现一些不规范、有倾向的条款，很容易招致投诉，增加采购风险，或者导致采购需求发生偏离，无法购买到所需的产品或服务。

3. 政府采购政策落实不到位

政府采购政策是在市场经济条件下政府利用财政支出手段进行宏观调控的一种有效措施，政府采购可以起到扶持重点企业、调控资源配置、推动产业结构升级的重要作用。例如，在强调低碳发展的当下，政府强制采购节能环保型产品，可以从政策与物质两个层面为节能环保型企业的发展提供支持。

但目前，很多政府采购单位，尤其是采购人还没有充分认识到采购政策的重要性，出现了一系列问题，例如对政策认识不到位、政策执行不充分等，导致政府采购政策没有产生预期效果。再加上采购人对很多政策不熟悉，政府采购合同履行方式与验收流程不标准，采购过程中各种信息不对称等，导致政府采购过程出现了一些不公平的操作，与政府采购政策发生了一定的偏离。

4. 采购过程中供应商围标、串标风险

政府采购因为需求量比较大，所以会吸引大量供应商前来投标，随之就会出现围标、串标等现象。例如，某投标单位将多个投标单位组织在一起投同一个标，提前商定谁投高标，谁投低标，谁中标；或者多个投标单位自行组织在一起，提前商定谁投高标，谁投低标，谁中标。这种投标方式严重损害了采购单位的利益，不仅导致采购单位无法获得质优价低的货物、服务或工程，而且会扰乱整个市场的经济秩序，损害其他投标人的合法权益，增加政府采购的成本，并且容易滋生腐败。

5. 道德风险

政府招标采购面临的道德风险主要表现在四个方面，如表 1 -6 所示。

表 1 -6　政府招标采购的道德风险

道德风险	具体表现
采购人道德风险	出于维护自身利益、单位利益的需要，政府采购单位可能出现权力寻租、地方保护、过度采购等行为。再加上采购单位没有建立有效的采购内控制度，导致部分采购人发生权钱交易行为，引发采购风险

续表

道德风险	具体表现
代理机构道德风险	采购代理机构的违法成本比较低，如果从业人员思想道德素质不高，极有可能与投标人串通骗取政府资金，给采购单位造成巨大损失
供应商道德风险	供应商为了获得最大化的利益，很有可能与其他供应商串通故意抬高报价，或者低价中标，交付的产品质量低劣、服务不完善、交货不及时，或者提供虚假证明材料骗取优惠
评审专家道德风险	投标人可能买通评审专家，让评审专家在评审过程中向自己透露评审信息。如果评审专家为金钱所动，或者不熟悉法律法规，就会出现乱评标、乱废标等现象，导致采购活动无法正常进行

（二）政府采购风险管理必要性

政府采购是政府实现职能的一个重要手段，而职能的实现必然需要投入一定的资源。因为资源有限，为了提高资源的利用率，实现政府的职能目标，必须采用计划、组织、领导、协调、控制等一系列手段对政府采购到的资源进行安排。具体来看，政府实施风险管控的必要性主要表现在以下几个方面：

1. 政府采购风险控制是实现政府职能的重要保证

政府采购属于政府购买性支出，是政府财政政策的重要组成部分，而财政政策是政府实施宏观调整的重要手段之一。研究发现，政府采购意义重大，不仅可以调节经济运行与经济发展结构，支持国有企业以及民族工业发展，保护生态环境，促进就业，而且政府采购的产品品类、采购数量、采购频率等还会直接影响国民经济的发展。为此，想要真正实现政府采购功能，必须保证政府的采购活动履行政府职责与使命，不要违背政府的公益属性。

2. 政府采购风险控制是反腐倡廉的重要措施

反腐倡廉、党风廉政建设是建设党的执政能力、维护党的先进性的重要举措。政府采购活动因为涉及金钱、利益，很容易滋生权钱交易等腐败行为。因此，想要做好政府采购风险控制，必须预防这种腐败行为发生，切实提高财政支出收益，维护政府的良好形象，提高执政的合法性。

3. 政府采购风险控制是解决政府采购问题的现实需要

政府采购过程可能会出现很多问题，这些问题主要表现在以下三个方面：

第一，目前政府采购大多没有经过精细设计，存在比较严重的盲目购置、重复购置、随意购置等现象，导致国家财政与资金无法发挥出有效作用，进而出现分配与使用脱节、资金使用效率不高等问题，使采购风险进一步加大；第二，采购过程较为隐蔽，不向社会公众公开，个人因素往往在采购过程中发挥决定性作用，导致贪污受贿、以权谋私、损公肥私等腐败现象频频发生；第三，一些地方政府强制本地区的政府采购单位购买本地产品，将一些大型工程分派给本地企业，导致采购成本增加，采购品质面临较大风险，使政府采购资金的使用效率与效益严重受损。

4. 政府采购风险控制是国际经济接轨的必然要求

为了顺应经济全球化的发展趋势，我国主动加入 APEC（Asia - Pacific Economic Cooperation，亚太经济合作组织）、WTO（World Trade Organization，世界贸易组织）等国际经济组织，签约加入东京多边贸易谈判中的《政府采购协议》。在这种情况下，政府采购除了要遵守国内的法律法规之外，还要遵循国际贸易通行的基本原则。有人认为："中国的政府采购市场看似无懈可击，实则漏洞百出，只要稍加变通就能从中获取高利。"为了解决这一问题，我国必须加强对政府采购市场的管理，构建一套严密、完整、与世界经济接轨的政府采购管理制度，对我国的政府采购行为进行严格规范。

（三）政府采购风险的识别方法

通过对采购流程进行拆解可以将采购活动划分为不同的环节，然后可以针对不同的业务节点对采购风险进行识别，将其划分为业务风险与管理风险两大类。

1. 业务风险

市场风险：政府政策变化导致市场需求发生变化，从而导致政府采购活动无法及时调整。

计划风险：在制订采购计划环节，因为采购人员没有对市场进行深入调研，采购项目管理不科学，导致采购活动与采购目标相脱离，造成人力、物力的巨大浪费。

合同风险：采购合同的条款模糊，双方盲目签约；或者合同签订不符合相关的法律规定，一旦合同被判定无效，就会给双方造成巨大损失。

意外风险：中标供应商不按照合同规定履行采购协议，偏离预定目标，很容易给采购单位带来意想不到的风险。

违约风险：供应商没有按照合同要求在规定时间、规定地点交货，给采购单位造成一定的损失。

采购价格风险：采购合同没有对采购价格做出明确规定，导致交货时产生价格争议，从而引发风险。

商业发票风险：供应商开具的发票性质不符合要求或者金额有误，导致无法入账审批，给采购单位带来一定的风险。

质量风险：商品质量参差不齐、规则不符合要求等，无法满足采购单位的生产要求，造成资金、时间的双重浪费。

数量风险：供应商提供的货物缺斤短两，无法满足采购单位的生产所需，导致采购单位可能面临停工停产的风险。

滞销风险：采购员采购时对市场做出了错误判断，盲目采购，导致采购单位面临产品贬值或者产品滞销风险。

脱销风险：采购物品的数量不足，无法满足采购单位的实际需求，导致生产过程被迫中断，给单位的正常运行造成不良影响。

赠品到货风险：如果供应商答应附赠一些产品或服务，结果这些产品或服务没有及时到位，可能导致采购单位的某些活动无法继续，造成人力、物力的浪费。

库存成本风险：采购人没有按照经济订购批量进行采购，导致物品数量远远超出实际需求，导致库存成本增加。

2. 管理风险

责任风险：采购单位在选择采购代理机构时，没有认真了解对方的基本信息，没有做好能力测试，导致招募到的采购代理机构不专业，使得采购招标过程不公平，给采购单位带来法律或业务方面的责任风险。

腐败风险：政府采购人员或者采购代理机构利用职权开展权钱交易，破坏招标采购的公平性，很容易招致投诉，引发腐败风险。

（四）政府采购的风险评估方法

在识别了政府采购风险之后，接下来要做的就是对风险进行评估，将威胁程度较高、对采购单位的发展威胁性较大、对策的可行性比较低的风险视为典型性采购风险，需要从多个维度切入进行深入研究，如表 1－7 所示。

表1－7　风险评分表

标准	风险威胁度	预风险性	风险指数	对策可操作性	定量风险评价	作业条件风险评价	综合评价	总分
市场风险								
计划风险								
意外风险								
合同风险								
违约风险								
质量风险								
数量风险								
库存风险								
滞销风险								
脱销风险								
腐败风险								
责任风险								
采购价格风险								
商业发票风险								
赠品到货风险								

1. 采购风险ABC分类

根据风险识别评分表中的评分，从高到低对上述15种采购风险进行排序，然后按照各种风险所得分数在整体中的占比将其划分为A、B、C三种类型，从而确定风险级别，如表1－8所示。

表1－8　潜在风险分类

风险等级	风险类型	具体损失
A级风险（45～50分）	市场风险、计划风险	可能会给采购单位造成70%～80%的损失
B级风险（40～44分）	合同风险、库存风险、腐败风险	可能会给采购单位造成10%～20%的损失
C级风险（＜40分）	意外风险、违约风险、质量风险、数量风险、滞销风险、脱销风险、责任风险、采购价格风险、商业发票风险、赠品到货风险	可能会给采购单位造成0～10%的损失

2. 采购风险分析

采购人员对A、B、C三种级别的风险进行分析，找到风险发生原因，然后对各种风险可能给采购单位造成的影响进行分析，明确各类风险的严重程度，如图1－9所示。

表1－9　风险严重性划分

风险等级	法律法规及企业规章制度	经济损失程度	企业生产情况	公司信誉度
A级	不符合企业内部的操作规程及标准，严重违反法律法规	巨大	整个企业面临停产倒闭，生产及运营不能正常进行	企业在行业范围内名誉严重受损
B级	不符合企业内部的操作规程及标准，可能涉及法律问题	较大	影响极大，企业面临重大经济损失，导致生产不能正常进行	企业在地方范围内名誉受损
C级	符合企业内部的操作规程及标准，不违反法律	微小	影响甚微，基本上可以正常运转	影响甚微，仅局限于企业内部

采购单位要对采购过程中可能遇到的风险进行系统分析，采取有针对性的策略与方法，降低风险发生概率，保证采购活动顺利开展，降低采购成本，提高采购效率。

（五）政府采购风险的防控措施

目前，因为法律法规与相关制度不完善，导致制度上存在一些漏洞，一旦被有心人利用，就会使国家财产蒙受较大损失。只有降低政府采购过程中各个环节的风险，将采购责任落到实处，才能彻底降低政府采购风险，保证采购质量与效率，实现政府采购目标，形成一个健康有序的政府采购市场，推动社会经济健康稳定地发展。

1. 加强市场调研，精细化采购预算

在制订采购计划之前，采购单位要对采购需求进行全面分析、调研论证，在采购人确认之后再开始组织采购。采购开始之前，业务部门要协助财务部门编制采购预算，落实采购计划。如果采购活动在开展过程中与采购计划脱离，相关部门要及时提醒并纠正。政府采购审核部门要对采购预算指标的落实情况、采购计划的编制情况进行全面监督，保证采购工作有序开展。同时，

在编制政府采购预算的过程中，编制人员要对项目背景及需求进行全面分析，保证采购预算编制的合理性与可行性。

2. 加强监督，推进多渠道全方位的信息公开

有些政府采购活动会“内定”供应商，或者提前向意向供应商透露招标信息，破坏政府招标采购的公平性。为了防止这类情况发生，采购单位必须加强对知情人的管控，建立定期轮岗、岗位不相容等制度，让各岗位相互制衡，降低采购风险。同时，采购单位可以建立分级授权、集体决策控制管理制度，对整个采购流程以及采购过程中的重点环节进行管控。

除部门监督外，还要加强公众监督与媒体监督，扩大政府采购信息的公开范围，增加社会公众获取政府采购信息的渠道，吸引更多优质的供应商参与到政府招标采购中来，通过公平竞争选拔到合适的供应商，降低采购风险。

政府采购政策具有协调、控制、引导等多重功能，各级财政部门及采购人要充分认识到这一点，主动承担起推动政府采购政策落地的重任，以身作则，在制订采购计划、整合采购需求等环节全面贯彻执行政府采购政策，将政策采购的宏观调控功能充分释放出来。各级财政部门要认真履行政府采购职责，将是否落实政府采购政策作为一项重要考核指标，对采购人、采购代理机构的工作开展情况进行检查与评定。对于没有落实政府采购政策的代购人与采购代理机构，各级财政部门要依法追究责任，严肃处理。

3. 建立供应商信用体系，实行联合惩戒

进一步增强各级财政部门的监督管理职能，扩大《政府采购法》及实施条例的宣传范围，建立供应商信用体系。对于做出违法违规行为的供应商，采购单位不仅要向全社会进行通报，而且要记入诚信记录，进行联合惩戒；对于围标、串标的供应商，采购单位不仅要加大打击力度，还要生成特定名单并向全社会公布；对于有过违法违规记录的供应商，采购单位要坚决抵制其进入政策采购名单，从源头上杜绝采购风险。

4. 提高政府采购各方当事人的道德和业务水平

加强对采购单位、采购人的管理。政府采购单位、采购人代表的是政府形象，只有组建一支议价能力、谈判能力、专业技术能力等各项能力兼具的综合性人才队伍，才能让有限的采购资金发挥出最大的效益，更好地完成采购任务；才能在面对不同的供应商时从不同的维度进行分析，选拔到真正有实力的供应商，从而降低采购风险。

基于此，采购单位要培养一批综合性的高素质采购人才，根据需要组建一支专业化程度较高的采购人才队伍，定期或者不定期地开展知识培训或技能培训，配合实践锻炼，提高采购人员的业务素质与水平，降低采购风险。只有采购人做出科学决策，才有可能为采购项目匹配到合适的供应商，保证采购质量。除此之外，采购单位还要对采购人进行思想道德教育，提高采购人抵制“糖衣炮弹”的能力，深化按政策办事、按规矩办事的思想，坚持抵制权钱交易，延续廉政的光荣传统。

财政部门要加强对采购代理机构以及供应商的监督管理，一旦发现违法违规行为立即做出处理，并将处理结果公之于众，在供应商诚信档案中记录下来，实行“一处受罚、处处受限”的联合惩戒，从源头保证政府招标采购的公平性，降低采购风险。

加强对评审专家的管理与培训，健全评审专家考评机制。采购人、采购代理机构、公共资源交易平台要按照“一项目一考评”的原则对评审专家进行考核，财政部门要根据考评结果对评审专家进行综合管理，对于考核结果不达标的专家要及时解雇，以保证评审专家队伍的纯洁性。同时，财政部门要加强对评审专家的思想道德教育与业务培训，切实提高评审专家的综合素质与水平。

第二章　政府采购人操作实务

一、政府采购计划编制程序与要点

（一）政府采购计划的类型划分

政府采购计划指的是政府采购预算的具体实施方案，是政府采购工作年度考核的重要依据。政府采购计划要涵盖以下内容：政府采购的具体项目、采购方式、采购资金的构成、支付方式、各采购项目的采购组织形式等。

按照采购计划方式，政府采购计划可以分为两大类：政府集中采购计划和政府分散采购计划。

1. 政府集中采购计划

当采购项目的单位价值或者当年累计价值超出规定限额标准时，由政府采购经办机构实施集中采购，而为集中采购制订的采购方案就是政府集中采购计划。按照财权和事权统一的原则，限额标准由同级人民政府制定。一般情况下，政府采购项目满足表 2－1 所示条件就可以纳入政府集中采购计划。

表 2－1　政府采购项目纳入政府集中采购计划的条件

序号	条件
1	服务或产品的单位价值超过 1 万元（含 1 万元），或者单位价值不足 1 万元，但是批量购买价值或者当年累计价值超过 5 万元，可以列入政府集中采购计划
2	工程项目总投标超过 10 万元（含 10 万元），或者建筑面积超过 100 平方米的新建、扩建、翻建等工程，可以列入政府集中采购计划
3	经费预算超过 5 万元（含 5 万元）的服务采购项目，可以列入政府集中采购计划

2. 政府分散采购计划

当采购项目的单位价值或者当年累计价值不足规定限额标准，由各行政单位自行组织实施采购，针对这种采购活动制订的采购方案就是政府分散采购计划。只要政府采购项目没有达到集中采购的限额标准，都应该纳入政府分散采购计划。

（二）政府采购计划的编制程序

政府采购计划可以采取自上而下与自下而上相结合的方式进行编制。

政府采购管理机关编制本地区本年度的政府采购目录，根据采购目录编制政府采购计划表，下发给各采购单位的主管部门，由主管部门根据实际情况编制政府采购的具体方案，通知各采购单位填报年度采购计划上报给主管部门。

政府采购部门对各采购单位提交的购置计划进行审核、汇总，呈报当地政府采购管理机关。政府采购管理机关以本级财政部门发布的政府采购预算为依据，结合本地区的实际情况，编制本地区的政府采购计划草案，并按规定编写相关的文字说明材料。计划草案编制完成后上报财政部门审查，与财政部门预算草案一起送交同级人民代表大会审查，批准后才能生效实施。

1. 政府采购计划的编制原则

完整反映政府采购预算原则。政府采购计划应该按照政府采购预算进行编制，将政府采购预算全面反映出来。在政府采购计划中，采购项目的数量和资金来源必须与政府采购预算规定的项目数量和资金来源相对应。如果资金来源尚未确定，不能编制政府采购计划。

公平竞争，维护国家利益和公共利益。政府采购计划编制应该遵循相关的法律法规，以公平竞争为准则，维护国家利益和公共利益。政府采购项目所使用的采购形式与方式，所遵循的采购程序必须符合相关的法律法规。

规模效益原则。政府采购计划的编制应该遵循规模效益原则，在同一年度内，同一物品应该统一采购。

严格按照采购品目分类编制。政府采购计划要按照采购商品的品目分类和顺序进行编制，将同类的采购项目归结在一起。

2. 执行政府采购计划的具体程序

（1）政府采购计划的编制

政府采购计划编制要填写政府采购计划表及相关说明，政府采购计划表要涵盖具体的采购项目与采购资金。具体来看，政府采购计划表可以分为两种类型，一种是总表，另一种是明细表。由于政府采购计划表要全面、客观地反映各采购单位的采购要求与采购预算，为此，工作人员必须熟悉各种表格的填列依据，只有按照统一的表格要求编制采购计划，才能方便政府采购管理机构对其进行统一管理。除此之外，工作人员还要编写详细的填表说明。

（2）政府采购计划的审核

计划审核的主要目的在于保证政府采购计划的质量，为政府采购计划的实施消除障碍，保证计划顺利推行。因此，财政部门要组织支出管理处对政府采购计划草案进行认真审核，审核内容主要包括项目内容、资金来源、资金预算等。

（3）政府采购计划的批准

政府采购计划批准要遵循以下流程：财政部门代表本级政府向本级人民代表大会报告财政预算草案与政府采购计划草案；本级人民代表大会对财政预算草案和政府采购计划草案进行审查，并撰写审查报告；本级人民代表大会经过审查批准政府采购计划，财政部门及时向本地政府采购管理机关批复执行。

（4）政府采购计划的执行

政府采购计划执行流程如下：制订采购执行方案—对供应商进行资格预审—委托中介机构实施—签订合同—政府采购验收—支付资金等。

（5）政府采购计划执行情况的检查

在政府采购计划执行之后，相关部门要组织对计划执行情况进行检查，检查内容如下：第一，政府采购计划的完成情况，具体包括政府采购活动是否按计划实施，政府采购资金预算的执行情况及相关原因分析；第二，政府采购方针政策的执行情况，主要检查采购人员在采购过程中是否有违规操作；第三，政府采购组织管理情况，主要对政府采购机关实施政府采购工作的效率进行检查，提出改进措施。

（三）政府采购计划的申报程序

政府采购计划编制完成后，要呈送相关部门进行申报，申报程序、审批程序以及采购计划任务下达程序具体内容如下：

1. 申报程序

（1）实行部门预算的单位编制政府采购计划程序

实行部门预算的单位要严格按照政府采购预算和财政专项资金项目预算的相关要求，在规定时间内编制政府采购计划，编制当年的《系统单位20××年政府采购计划申请汇总表》，并附《采购单位20××年政府采购计划申请表》，一式三份，一份由采购单位保留，一份送交财政厅业务处，一份送交采购办。

（2）未实行部门预算的单位编制政府采购计划程序

未实行部门预算的采购单位要按照财政部预算以及财政专项资金项目预算的编制要求，在规定时间内编制政府采购计划，编制当年的《系统单位20××年政府采购计划申请汇总表》，并附《采购单位20××年政府采购计划申请表》，一式三份，一份由采购单位保留，一份送交财政厅业务处，一份送交采购办。

2. 审批程序

（1）使用预算内、预算外资金审批政府采购计划的程序

如果采购项目使用预算内、预算外资金，采购单位要先报请财政厅业务处对采购项目和预算资金进行核实。如果采购项目要使用预算外资金，财政厅业务处要先到国库处对资金进行确认，如果没有问题，要在三个工作日内出具《财政厅业务处政府采购计划审批表》，一式三份送交采购办。

（2）使用自筹资金审批政府采购计划的程序

如果采购项目使用自筹资金，采购单位要先编制填写《××区本级单位自筹资金政府采购计划执行申报表》，一式三份，报请采购办核准。审核无误后，采购单位要继续编制填写《××区财政专项资金（基金）缴款书》，将采购资金上交财政厅国库处“政府采购专户”。国库处收到资金后，要在三个工作日内将采购单位的资金确认单送交采购办。

3. 采购计划任务下达程序

对于使用预算内、预算外资金的政府采购计划，采购办要在收到业务处提交的《财政厅业务处政府采购计划审批表》之后，在五个工作日内将其整理成集中采购计划，将采购任务下达给采购中心。

对于使用自筹资金的政府采购计划，采购办要在收到“计划执行申报表”和“采购单位资金确认单”后，在五个工作日内将其整理成集中采购计划，

将采购任务下达给采购中心。

对于已经确定使用协议供货或者定点招标的采购项目，采购办要在采购项目与采购资金通过审核后，在两个工作日内将采购任务下发给采购中心。

如果政府采购计划在执行过程中需要追加或变更条款，或者停止条款，由采购单位编制填写《追加、变更、停止政府采购计划申请表》，送交采购中心审批，然后送交采购办办理相关手续。如果采购计划需要追加资金，必须由采购单位填写《××区财政专项资金（基金）缴款书》，将追加的资金交财政厅国库处“政府采购专户”，或者按照规定向相关业务处申请追加资金。采购办收到国库处开具的采购单位资金确认单之后，为追加采购计划办理相关手续。

（四）政府采购计划表编制要点

1. 表格抬头填列要求

《政府采购项目采购计划表（×××项目）（××××年第×季度）》。

2. 表格填报及概念说明

政府采购计划表填报范围包括主管部门及下属国家机关、事业单位、团体组织，不包含企业单位。

政府采购计划表由主管部门负责填写、汇总，各项目要细化到基层预算单位。政府采购总计划要涵盖主管部门本级政府采购计划。

报送政府采购计划表时，要将本级或二级预算单位以及基层预算单位的政府采购计划表一同报送。

单位在填报政府采购计划表时，可以根据本年度政府集中采购目录和政府采购限额标准，将采购项目分为集中采购项目、部门集中采购项目、分散采购项目和协议采购项目，并填写相应的采购计划表。

“品目代码”：相关人员要按照本年度政府集中采购目录中的品目代码填写集中采购计划表。如果是分散采购计划，要按照“A. 货物类”“B. 工程类”“C. 服务类”填写。

“预算资金”指的是财政一般预算支付，包括政府性基金、纳入预算管理的行政事业性收费、罚没收入等非税收入安排的支出；可以细分为两大类，一类是年度预算资金，另一类是预算执行中追加的资金。

“纳入财政管理的其他资金”包括两大类，一类是按规定缴入财政专户的资金，另一类是经财政部门批准留用的非税收收入。

“视同财政性资金”同样包括两大类，一类是以财政性资金作为还款来源的借贷资金，另一类是事业单位或团体以占有或使用的国有资产作为担保的借贷资金。

“单位自筹资金”指的是采购单位根据政府采购拼盘项目要求，按照规定使用自有资金进行采购的资金。

“需求时间”：应该如实填写交货时间或者工程开工时间。

“单位代码”：应该如实填写单位代码。

“政府采购方式”包括公开招标、邀请招标、竞争性谈判、询价和单一来源采购，单位应该按照实际情况填写。

（五）政府采购招标文件的内容

1. 采购需求

采购需求一方面要符合法律法规，另一方面要符合政府采购政策的规定，具体包括技术、服务、安全等方面的要求。政府采购项目如果是公共服务项目，应当征求社会公众意见后再确定采购需求。采购需求既要完整又要明确，因技术复杂、性质特殊等原因无法确定具体规格和要求的除外。在必要情况下，采购人员在确定政府采购需求的过程中还需要征求相关供应商和专家的意见。

2. 投标人资格

投标人资格有两种：法定资格条件和特定资格条件。《政府采购法》第二十二条第一款规定：供应商参加政府采购活动应当“具有独立承担民事责任的能力”，这是法定资格条件。采购人不得随意改变法定资格条件，包括不得提高法定资格条件和不得降低法定资格条件。特定资格条件是由采购人向投标人规定的条件，同时也是投标人按照项目特殊要求应当具备的条件。对于不同的投标人，特定资格条件需一致，不得对投标人实行差别待遇或歧视待遇。

3. 投标人资格证明文件

投标人为证明其具备法定资格，需要在投标文件中提交相关证明材料，具体如表 2－2 所示。

表 2－2　投标人资格证明需提交的文件

序号	需提交的文件
1	法人或者其他组织的营业执照等资格证明文件，自然人的身份证明
2	财务状况报告
3	履行合同所必需的设备和专业技术能力的证明材料
4	依法缴纳税收和社会保障资金的相关材料
5	参加政府采购活动前 3 年内在经营活动中没有重大违法记录的书面声明
6	具备法律、行政法规规定的其他条件的证明材料

在招标文件中，招标人应该针对投标人需要提供的特定资格证明文件做出具体要求。

4. 政府采购政策

招标文件需要体现以下政府采购政策：一是采购国产货物、工程、服务的政策；二是对中小微企业的鼓励政策；三是对环保、节能产品的鼓励政策等。招标文件应该对列入《国家环境标志产品政府采购清单》的产品规定优先采购评审标准；对《节能产品政府采购清单》中标记“＊”的强制采购产品和其他优先采购产品规定相应的评审标准。

5. 招标文件的内容要求

招标文件要列明的内容如表 2－3 所示。

表 2－3　招标文件的内容

序号	具体内容
1	在招标文件中，采购人应该明确规定对投标人的实质性要求和条件。招标文件应集中列示可能构成无效投标的相关要求，避免投标人投标无效的情况发生
2	采购人应向投标人发售纸质招标文件，并在指定网络媒体上发布电子招标文件，电子招标文件与纸质招标文件的内容应保持一致，且两种文件具有相同的法律效力
3	招标文件规定的技术标准应符合国家标准，这些标准一般都具有强制性。招标文件不得含有以下内容：一是不得标明特定的投标人或者产品；二是不得含有倾向性的内容；三是不得含有排斥潜在投标人的内容
4	招标文件要完整和明确，在开标时，如果投标文件中开标一览表的内容和明细表的内容不一致，应以开标一览表为准

6. 评标方法

货物服务招标采购存在两种评标方法，分别是最低评标价法和综合评分法，招标文件需要标明具体的评标方法。最低评标价法适用于技术、服务等标准统一的货物和服务项目；综合评分法中的分值设置需对应评分因素的量化指标，评分因素不得包含投标人的资格条件。

二、政府网络采购管理的实操技巧

（一）政府网络采购模式的优势

网络采购就是以互联网为依托，将采购相关的数据、信息电子化，利用互联网方便快捷、资源丰富等优点完成采购任务。网络采购可以弥补传统采购的不足，为政府采购与采购管理提供方便，帮助政府更好地完成采购任务。政府开展网络采购的方式主要有两种，一种是自建网络采购平台进行采购，另一种是利用公共采购平台进行采购。

1. 政府网络采购的优势

网络采购有很多传统采购不具备的优点，具体分析如下：

（1）公正透明

网络采购以互联网平台为依托，利用互联网平台公开、透明的优点，可以大幅提升采购信息、采购过程的透明度，让供应商之间的竞争更加公平，中标结果更加公正。另外，政府采购利用互联网发布信息，可以切实提高信息的发布效率，扩大竞价范围，采购到质优价廉的货物、服务或工程。

（2）效率高

网络采购可以让整个采购过程标准化、电子化，切实提高采购效率，缩短采购周期。网络采购的效率之高是传统采购无法企及的。在传统采购模式下需要几天、几周甚至几个月才能完成的采购任务，在网络采购模式下只需要花费几个小时就能完成，而且可以极大地减弱商业环境变化对采购价格的影响。在网络采购模式下，采购单位可以对整个采购过程进行跟踪，包括联系供应商、确定采购时间、完成采购竞价的全过程。

（3）竞争性强

网络采购使得供应商的竞争范围大幅扩展，达到了世界级，所有参与竞争的供应商享有同等的中标机会，供应商之间的竞争异常激烈。随着竞争市场不断扩大，综合实力比较强的供应商将获得更多竞争优势。在参与网络竞标的过程中，供应商有机会结识更多新客户，扩大目标顾客群体的范围。供应商即便不能中标，也有机会赢得新业务。对于供应商来说，参与网络采购是验证自身竞争能力的一个有效方法。

（4）节约成本

网络采购可以有效减少采购成本，包括各项费用、服务成本与材料成本，逐渐成为政府采购的主流方式之一。从理论上来讲，政府通过互联网平台寻找供应商有无限选择。这种无限选择会导致供应商之间的竞争加剧，为了中标，供应商可能会主动降价，帮助政府进一步节省采购费用。

网络采购可以节省成本这一结论已经在企业采购中得到了有效验证。Mercer 管理顾问咨询公司曾经对施乐、通用汽车、万事达信用卡三个不同行业的企业的采购活动做了一次调查，对实施网络采购前后的成本进行比较，结果发现开展网络采购之后，施乐公司的采购成本下降了 83%，通用汽车公司的采购成本下降了 90%，万事达信用卡公司的采购成本下降了 68%。目前，网络采购已经成为企业或政府降低采购成本的一个有效解决方案。

2. 政府网络采购的组织与实施

政府网络采购由各级政府的采购中心组织开展，通过政府采购网站及时发布采购信息，建立与维护政府采购信息数据库、供应商信息库和专家信息库，并将采购情况及时反馈到政府采购办公室。具体内容如下：

对于政府采购目录内的采购任务，接受采购办公室的委托开展集中采购。

如果决定采用竞争性谈判、询价采购或者单一来源采购，要按照政府采购管理暂行办法的相关规定组织实施。

受政府采购办公室的委托，根据相关规定，结合采购单位的实际需求、采购项目的具体情况以及当下的市场情况组织开展招标活动，具体包括编制招标文件，发布招标公告，组织开展招标活动，组建评标小组，将相关招标文件递交政府采购办公室并向其报告中标结果，分别向中标单位和落标单位发送《中标通知书》和《落标通知书》，组织签订采购合同，监督合同执行，对合同执行情况进行评估。

（二）政府网络采购管理的内容

网络采购管理是采购活动公开透明、公平竞争、公正合理、诚实信用的重要保障，需要借助一套复杂的信息管理系统才能实现。从理论上来讲，一套先进的网络采购管理系统应该覆盖政府网络采购的各个环节，包括采购计划的制订、合同执行管理、采购效果分析、采购成本管理、组织结构管理、供应商目录管理、产品目录管理等内容。

1. 组织结构管理

组织结构管理指的是秉持适用性、效率、安全等原则提供能够承担采购任务的角色管理与权限管理，通过角色和权限的可定制功能对用户进行分级管理，保证各个级别的用户都能发现适合自己的项目。在这种模式下，采购人可以根据采购需求的变化对角色权限和平台用户进行动态管理，也能对供应商、评审专家进行动态管理。

2. 供应商目录管理

供应商目录管理的最终目标是让供应商对内部信息和产品信息进行动态管理与维护。供应商登录系统之后可以对自身的基本信息进行维护，可以按照采购人提供的产品目录对自己的产品信息进行调整，包括增加产品种类，更新产品描述、产品价格、产品库存，调整产品基本信息的有效期，提供标准价格或分级价格。

通过供应商目录管理，采购人可以对供应商的资信进行评估，对供应商在一段时间内的供货质量、供货价格、相关服务、交货期、可持续性等内容进行全面评估，对供应商进行动态管理，例如与不合格的供应商解除合作关系，与其他优秀的供应商建立合作关系等。

供应商目录管理为采购人提供了比较实用的统计分析工具，可以帮助采购人对市场发展情况进行预测，提前感知交易风险，从而对采购策略进行调整。借助供应商目录管理，采购人可以获得大量准确的、可以量化的依据进行决策，对采购成本进行管理，以切实提高采购质量与效率，改善与供应商的关系，摒弃过去的交易管理模式，积极推进关系管理，从而与供应商形成长期稳定的合作关系。

3. 产品目录管理

产品目录管理可以让采购方自行设定产品目录及产品目录下的产品信息数据视图，包括产品名称、产品编码、产品价格等；支持采购人自行设定产品目录发布管理流程，保证产品目录的准确性，以免对供应商产生误导；支持采购单位设定产品目录浏览操作权限管理，允许设定权限的供应商浏览目录，未设定权限的供应商不能浏览。对于那些采购频率较高的产品，系统会自动生成快捷目录，可以极大地提高采购效率。除此之外，产品目录管理还支持采购人对产品目录进行灵活设置、动态更新，让供应商看到最新的产品目录，以采购到所需产品。

4. 采购计划管理

采购计划可以以月、季度、半年、年为周期进行编制，并且可以实时调整，对不同产品进行请购管理。如果有产品需要经常请购或者定期请购，可以建立请购模板。对于定期请购产品，系统可以设定时间自动发送请购申请，对计划外的采购活动进行规范管理，以免产生不必要的开支。

5. 合同执行管理

合同执行管理可以借助流程自定义功能来实现，包括在线签订合同、对合同进行管理、对合同的执行状态进行跟踪等。

6. 采购效果分析

采购效果分析主要用来对业务项目的采购结果进行评估，包括项目最终成本、项目质量、供应商合同履行质量、采购人员绩效等。在采购效果分析过程中，用户可以自行设置评估模型，利用工作流技术制定评估流程。用于采购效果分析的数据可以是业务流程中的项目数据、生产过程中的反馈数据、采购成本管理系统中的数据。

7. 决策支持系统

决策支持系统拥有强大的统计查询功能，可以为采购决策提供科学依据。用户可以根据需要设置多种统计查询模板，工作人员获得权限之后可以使用这些模板对采购项目的相关信息进行查询。采购单位负责不同采购事宜的人员可以根据需要查询与自己工作有关的信息，例如经营人员可以查询对战略决策有价值的信息，管理人员可以查询对管理决策有价值的信息等。

8. 采购成本管理

采购成本管理可以自行设置财务费用的类别，例如会议费、差旅费等，可以以年为单位或者以月为单位对采购成本进行预算，可以按照产品种类进行采购成本预算，可以自行设置用款申请审批流程等。对于单笔采购，采购人员可以提出用款申请，得到上级领导的批复后开始采购。

网络采购的采购成本管理系统支持用户自行设置费用报销审批流程。采购人员提出费用报销申请后，经过审批可以向财务申请报销；可以进行项目成本决算，包括项目交易成本、采购过程发生的各项成本等；可以以年或季或月为单位对采购成本进行决算，对各种财务费用发生明细进行统计。

（三）政府网络采购的案例分析

一家大型招标公司与某国家机关达成协议，准备代理监护仪的招标采购。这次招标采购具有以下特点：首先是监护仪的采购量特别大；其次是参与投标的供应商非常多；最后是价格竞争异常激烈。参与投标的公司中有两家供应商具有较强的竞争力：一是具有丰富投标经验的甲公司，其投标产品是美国著名品牌，生产厂家位列世界500强；二是中国南方的乙公司，其在国内市场的占有率相当高。其中，甲公司的投标价格为每台3.7万元，乙公司的投标价格为每台2.3万元，其他公司的投标价格为每台2.1万元到5.2万元不等。采购方拟定的招标文件将评标方法定为综合打分法，各评标因素所占分值为：价格30分，技术水平50分，售后服务承诺15分，业绩5分。竞标的最终结果是甲公司中标。

乙公司在获悉中标结果后对评标结果提出了质疑：本公司产品完全满足招标文件的要求，其部分指标要优于招标文件规定的指标，不仅如此，在本次审评中，本公司产品的技术得分是最高的，同时价格比中标产品低38%，最终却未能中标，因此，本公司对评标结果存有疑问。

在受到质疑后，招标公司给出的解释是：评标委员会的评标完全符合相关规定，是按照招标文件和相关评标细则执行的。乙公司产品虽然拥有最高的技术得分，但价格得分比甲公司低，综合得分同样低于甲公司，所以，乙公司未能中标。

双方争议的关键在于价格打分的方法。招标公司编制的招标文件只对价格分的最高分值进行了规定，即价格最高得分为30分，但是并未明确计算方法。不过，在评标开始前，招标公司根据评标细则向评标委员会提供的价格分计算方法是平均价格法，即先去掉一个最高价和一个最低价，然后计算平均值，并将平均值作为基准价，报价高于或低于基准价的供应商均要被扣分。最终的计算结果是：甲公司的报价与基准价相差较小，最终得分为28分；而乙公司的报价与基准价相差较大，最终得分为16分。乙公司产品虽然在技术评分上得分最高，但与甲公司在价格分上差距太大，总分低于甲公司，因此未能中标。

招标公司在回应质疑时强调评标完全按照规定程序进行，因此结果并未出错。虽然招标公司的回应看似合理，但实际上，本项目的评标程序存在一些问题。

（1）本项目评标采用的价格分计算方法不符合招标文件规定，违背了招标最根本的竞争原则

《招标投标法》第四十条规定："评标委员会应当按照招标文件确定的评标标准和方法对招标文件进行比较。"《政府采购货物和服务招标投标管理办法》（财政部令第18号）第五十五条规定："在评标中，不得改变招标文件规定的评标标准、方法和中标条件。"本次项目的招标文件中只对价格分的最高分值进行了规定，并未对计算方法进行相应规定。对此，一般的理解是：此次招标竞争是一次综合竞争，包括价格、技术、服务、业绩四个方面，这就意味着投标价格越低（低于成本除外）、质量越高、服务越好、业绩越优，企业所得的分值就越高。采购公司没有在招标文件中规定价格分的具体打分方法，此时投标商有权利进行价格竞争，这也符合招标采购的根本目的。

但是，评标委员会采用平均价格法来计算价格分，使得价格越低得分越低，这明显是一种不正常现象，严重损害了投标价格低的投标人的利益。更何况，平均价格法并非本项目招标文件中规定的价格分计算方法，所以不能被用于此次项目评标。而如果招标文件没有规定价格分的具体计算方法，同时也不能使用平均价格法来计算，那么本项目应该如何计算价格分呢？我们认为应该基于一般性理解的价格得分原则来计算价格分，即价格越低得分越高，这需要评标委员会在不了解开标价格的情况下来执行。

（2）货物招标的价格分计算方法应采用低价高分的原则

项目在基于价格、技术和服务等因素进行综合竞争时，需要遵循价格越低得分越高的原则，这适用于所有货物的招标，同样适用于本项目招标。而平均价格法是在市场竞争不成熟、法制不健全、企业信用缺失等情况下临时使用的一种方法，这种方法会对投标商之间的价格竞争造成干扰和阻碍，容易使投标商在价格上采取投机行为。因此，采用平均价格法来进行招标评分不符合政府采购的基本原则。

虽然目前一些工程施工和服务项目的招标仍采用平均价格法计算价格分，但这是由项目本身决定的。例如在工程施工招标中使用平均价格法是为了避免施工单位低价抢标后使用劣质建筑材料以次充好，造成豆腐渣工程，各地建筑主管部门统一使用定额计价法进行计价，这是工程施工招标采用平均价

格法计算价格分的主要原因。不过，任何工程在使用平均价格法时都必须在招标文件中做出明确规定，这样才能方便投标人采取相应的投标价格策略。

（3）评标方法应该进入招标文件

目前，国内招标采购存在一个普遍现象，即招标文件中仅仅明确了综合打分的分值，只有在正式评标前才会将具体的打分办法告知评标委员会。但是，根据《政府采购法》规定，评标方法应在招标文件中做明确规定，并通过发售招标文件告知投标人。也就是说，评标方法对所有投标人来说是公开的，以保证所有投标人能在一个公平的环境中展开竞争。

因此，如果本项目招标文件中明确规定了价格分的打分方法，乙公司与招标公司之间就不会出现争议。同时，乙公司也会制定更为合理的投标价格策略，不会以原来的投标价格进行投标。

自2003年1月1日《政府采购法》正式生效起，我国的政府采购制度实行还不到十年，有许多环节仍有待规范。政府采购部门不仅要重视政府采购数量的增长，同时也要重视政府采购质量的管控，要依法严格执行每一次采购任务，只有这样才能将政府采购打造成真正的“阳光工程”。

三、政府采购信息公告管理的程序

（一）政府采购信息公告的内容

政府采购信息的公示有利于维护公开、公正、公平的原则，可以促使更多供应商参与政府采购，增强供应商之间的竞争，从而在一定程度上降低采购成本、提高采购质量。同时，公示信息还能对政府采购进行宣传，使政府采购的影响力进一步扩大，促进社会各界提高对政府采购工作的认识。

政府采购信息主要包括政府采购法律规定的资料、政府采购政策规定的资料、政府采购活动产生的资料。政府采购信息公告是指将需要公开的政府采购信息通过报刊、网络等媒体公示出来。在政府采购工作中，公开披露政府采购信息是一个非常重要的环节，这个环节能充分体现政府采购公开、公正、公平的原则。

财政部非常重视对政府采购信息公告的规范，并为此制定了《政府采购信息公告管理办法》。该办法主要从信息公告内容、公告方式、公告程序、公告媒介等方面规范了政府采购信息公告。

政府采购信息公告的主要内容如表 2－4 所示。

表 2－4　政府采购信息公告的内容

序号	具体内容
1	各级政府制定颁布的政府采购法律、法规与制度规定
2	资格预审信息：资格预审机关、对象、范围和标准，所需的相关资料及送审时间、地点、联系方式等
3	政府采购目录
4	公开招标信息：招标人或其委托的招标代理机构名称；标的名称、用途、数量、基本技术要求和交货日期；开标的时间、地点；获取招标文件的方法、投标截止日期；对投标人的资格要求和评标办法；投标语言；联系人、地址、邮编、电话及传真号码；其他有必要载明的事项
5	中标信息：招标人或其委托的招标代理机构名称；标的名称、中标金额；首次公告日期和刊登公告的媒介名称；定标地点、日期；中标人名称、地址；招标人或其委托的招标代理机构项目联系人、联系方式
6	违规通报信息
7	投诉处理信息
8	信息变更的有关信息，包括招标人或其委托的招标代理机构名称；标的名称；首次公告日期、修改日期；更正内容；联系人、联系方式等
9	按规定应公告的其他信息

（二）政府采购信息公告的方式

1. 政府采购信息公告的方式

招标公告的方式主要有两种：一是刊登广告发布；二是发出招标通知公告。

刊登广告发布有多种渠道，例如通过报纸、广播、网络等途径发布。国际招标一般要遵循国际惯例进行广告发布，即要在招标国家的主要媒体上刊登招标信息。另外，采购机构可以直接将招标通知发送给熟悉的供应商，在国际招标中，采购机构既可以向各国使馆发出通知，也可以向驻采购国机构发出通知。

在进行邀请招标时，采购机构通常会直接向供应商发出邀请，不会对外发布招标广告。财政部为规范信息公告管理，在《政府采购信息公告管理办法》中对我国政府采购信息做出了以下规定："财政部按照相对集中、受众分布合理的原则，指定发布政府采购信息的报刊和网络等媒介。省级政府采购管理机构还可以指定其他报刊和网络等媒介公告信息，但公告的信息内容必须一致。"

2. 政府采购信息公告程序与相关要求

政府采购信息公告需要遵循以下程序：

招标信息公告。在招标文件出售之前，一般不少于 7 日，招标人或招标代理机构应当向指定媒介提供招标信息。另外一种方式是由同级政府采购管理机构对招标信息进行汇总，然后提供给指定媒介。如果招标信息中存在误导信息，招标人需要在开标前对其进行修改或澄清，同时还要发布信息变更公告，如有必要可以延长投标截止期。

中标信息公告。供应商中标之后，招标人应当向中标供应商发出《中标通知书》，也要通知其他未中标的投标人，同时还要向指定媒体提供中标信息并进行公告。

政府采购信息公告需满足的要求如表 2 – 5 所示。

表 2 – 5　政府采购信息公告需满足的要求

序号	具体要求
1	公开的政府采购信息必须真实、准确、可靠，既没有虚假内容，也没有误导性陈述，并且没有重大遗漏
2	指定媒体收到需要公告的政府采购信息之后，需要在 3 个工作日内将信息发布出去，然后迅速将公告信息传递给用户或订户
3	指定媒体发布的政府采购信息必须与招标人或招标代理机构提供的招标信息相同，以免造成严重不良影响。如果发现两方的信息存在出入，要及时纠正错误，重新发布公告，尽可能消除不良影响
4	政府采购信息公告需要进行严格的管理和监督，需要政府采购管理机构指定专人负责，监督管理责任人要与行政监督部门一起依法严惩信息公告中的违规违法行为

3. 政府采购信息记录与统计

政府采购制度的推行还需要完成一项基础性工作，即政府采购信息记录与统计。统计、记录信息能够为政府采购相关工作的分析和决策提供重要依据。政府采购过程中需要记录的信息非常多，对这些信息进行收集、汇总和处理，不仅能对政府采购进行地域分析和市场分析，还能对政策目标的落实情况进行分析。统计、记录信息是政府信息管理工作连贯性和完整性的体现，可以作为一种有效的方法助力政府采购制度的评估和优化。

（三）政府集中采购目录及标准

1. 通用采购项目

集中采购目录内的通用项目必须进行集中采购，并委托集中采购代理机构，也就是政府采购中心进行采购。具体来看，通用采购项目主要包括三大类，如表2－6所示。

表2－6　通用采购项目的类型

类型	具体内容
货物类	（1）交通工具：公务用小汽车、面包车、越野车、大客车、工程车、道路清扫车、洒水车、摩托车、救护车、消防车、警车、通信和广播用车、其他执法专用汽车； （2）电器设备：电视机，电冰箱，空调（不含中央空调），风机盘管，吸尘器，摄影、摄像器材； （3）办公自动化设备：计算机、复印机、打印机、速印机、投影仪、多功能一体机； （4）办公大宗消耗用品：纸张、硒鼓、碳粉； （5）网络设备、软件； （6）公用家具； （7）公务服装； （8）燃料、锅炉； （9）电梯； （10）档案保密设备
工程类	（1）统一的公用房和住房建设、公益设施建设； （2）统一组织的房屋修缮、装修； （3）环保、绿化工程
服务类	（1）会议定点； （2）车辆保险； （3）车辆维修； （4）大宗宣传画、书籍、报表印刷； （5）专用票据、证件印刷

与通用采购项目相对的是专用采购项目，指的是通用采购项目之外的、采购单位有特殊要求的采购项目，例如救灾物资、网络工程、交通监控设备、

公用房建设与宿舍建设、工程监理、工程设计等。专用采购项目由采购人委托，由经省级以上政府采购监督管理部门认定的政府采购业务代理机构或集中采购机构进行采购。

2. 政府采购限额标准

如果使用财政性资金进行采购，且达到限额标准，必须遵照政府采购制度执行，具体限额标准如表2－7所示。

表2－7 政府采购限额的具体标准

类型	限额标准
货物类	省级：单项采购金额超过5000元，或者批量采购金额超过5万元 市州级：单项采购金额超过3000元，或者批量采购金额超过3万元 县（市）级：单项采购金额超过1000元，或者批量采购金额超过1万元
工程类	省级：工程项目造价超过20万元 市州级：工程项目造价超过10万元 县（市）级：工程项目造价超过5万元
服务类	省级：单项采购金额超过1万元，或者批量采购金额超过5万元 市州级：单项采购金额超过1万元，或者批量采购金额超过3万元 县级：单项采购金额超过1万元，或者批量采购金额超过2万元

单项采购项目指的是单个采购品目或者预算专项，经由财政安排，以预算资金为准；配套资金项目的采购以项目总投资为标准执行。批量采购项目按照本年度本部门、本系统的采购总量执行。复合采购项目指的是既包含货物采购，又包含工程采购、服务采购的采购项目，哪个项目所占用的资金在项目总采购资金中最多，就按照哪个项目的属性执行。

3. 公开招标数额标准

采购项目在政府集中采购目录之内或者达到限额标准的，只要符合公开招标数额标准，就应当采用公开招标的方式进行采购，法律规定的特殊情形除外。公开招标要委托通过省级以上政府采购监督管理部门资格认定的政府采购业务代理机构或者集中采购机构进行，具体数额标准如下：

- 采购金额超过50万元的单项货物采购或者批量货物采购。
- 采购金额超过50万元的单项服务采购或者批量服务采购。
- 采购金额超过100万元的工程项目采购。

4. 相关说明

各预算单位编制年度政府采购预算，有关单位编制专项计划，财政、监察、审计等部门开展监督、检查等工作必须按照政府集中采购目录进行。

对于达不到采购限额标准的，且已经决定采用协议供货的项目，各单位要严格遵守协议供货制度，在中标的协议供货商中进行选择；如果采购项目没有实行协议供货，采购单位可以自行采购。

如果采购项目达到公开招标的数额标准，但是因情况特殊需要采用非公开招标的方式采购，必须提前报市以上政府采购监督管理部门批准。

四、政府采购项目实质性要求设置

（一）实质性要求的概念与内涵

“实质性要求”是政府采购法律制度中经常出现的一个概念，每一个政府采购项目的执行都会涉及这些“实质性要求”。政府只有弄清楚这些“实质性要求”，才能更高效、更合理、更合法地完成每一个政府采购任务。无论政府采购项目的监管者，还是政府采购项目的执行者，都应该明白政府采购项目的“实质性要求”是什么、具有怎样的效力、包括哪些内容、如何科学合理地执行等问题，因为这些对政府采购项目的监管和执行至关重要。

1. “实质性要求”是什么

要理解“实质性要求”并不难，我们知道法律的相关要求是为了维护群众利益。而政府采购法律制度中的“实质性要求”也是为维护采购人利益而制定的，采购人在政府采购活动中的核心利益都能从这些“实质性要求”中体现出来。

在政府采购活动中，“实质性要求”要满足采购人的核心利益，除了要满足项目本身的需求外，还具有一定的外延性，一方面要包含按照采购人意愿实现采购目标的附加要求和规定，另一方面要具备保证政府采购活动效益的内容和事项。

“实质性要求”必须由政府采购文件明确规定，不能由任何人以任何名义在采购文件之外进行设置。以采购文件形式提出“实质性要求”有利于政府采购各方严格遵守和执行相关规定和要求，不会产生违背公平竞争和公正原则的问题。

因此政府采购项目“实质性要求”具有以下特点：一是这些要求必须由采购文件规定；二是这些要求能够保证采购活动的效益和采购项目的质量；三是供应商投标文件必须响应和满足这些要求。

2. “实质性要求”具有怎样的效力

政府采购项目“实质性要求”必须在采购文件中表示出来，一般的做法有两种：一是采用特殊标识表示；二是直接标注“实质性要求”或“实质性条款”等。无论单位还是个人都不能凭个人感觉臆测这些“实质性要求”。

在实践中，政府采购项目要严格按照采购文件中的“实质性要求”执行，评审专家不能超出“实质性要求”范围行使权力，否则其做法不仅是错误的，而且可能是违法违规的。如果采购文件没有设置合法、合规与合理的“实质性要求”，可能会在履行政府采购合同的过程中使国家和社会利益蒙受损失，这就说明采购文件存在重大缺陷，需要按法律规定进行处理。也就是说，即便采购文件存在重大缺陷，评审专家也不能自行定义“实质性要求”。

3. “实质性要求”包含哪些内容

政府采购项目的“实质性要求”应当包含采购预算、保证金、报价、语言、授权、竞标有效期、知识产权、保障公平竞争、合同分包、禁止转包、竞标纪律、重要文书格式等条款。这些条款一方面可以保障采购活动有序进行，另一方面可以保障采购项目有效实施，同时还能为经济社会发展提供支持。这些条款是采购项目技术服务商和产品供应商必须响应和满足的，也是政府采购合同必须事前确定的，同时是不可临时协商变更的。

（二）采购项目的预算与保证金

1. 采购预算

在政府采购项目实施过程中，采购人需要尽可能地满足政府采购需求，为了满足这种需求，采购人会向供应商支付一笔资金，最高的资金额度就是政府的采购预算。采购项目的采购预算不等于采购单位的部门预算，两者是不同的概念，但又存在一定的联系。

有了部门预算才能确定采购预算，没有部门预算，自然就没有采购预算，这也决定了采购预算可以小于和等于部门预算，却不可能超过部门预算。采购预算与部门预算在测算规则、形成时间、作用效力等方面存在本质区别。

在采购过程中，采购预算作为最终的资金安排，不仅能体现采购项目的完成，也能体现采购需求的实现。

设置采购预算可以将采购价格控制在一个合理的区间，因为最终的采购价格不会超过采购预算。采购预算需要在采购文件中明确表示出来，因此采购人和采购代理机构需要在编制采购文件之前就把采购预算确定下来。采购人和采购代理机构对采购预算的测算基于充分的市场调研，这就意味着它是一个符合市场规律的测算金额。采购人或采购代理机构绝不能为了某些供应商的利益去更改采购预算。如果一个采购项目由多个供应商分包供给，采购人或采购代理机构需要提前确定每包的采购预算。

2. 保证金

保证金可以保障采购活动有序进行、采购项目有效实施，还可以保护采购人的合法权益，但收取保证金也会增加供应商的负担。

政府的采购文件要明确规定是否要收取供应商的保证金、收取数额、收取方式、退换方式、退还条件、不退还理由等，并将这些内容作为“实质性要求”的一部分。

保证金的收取需要遵循最小限度原则，既要能保障采购人的合法权益，又要能最大限度地减轻供应商的负担。对于一些需要扶持的小微企业，政府采购项目可以通过有条件减免保证金的方式对其进行扶持。

保证金的缴纳属于民事范畴，政府采购项目将这一民事领域的定金规则延伸到了政府采购领域。因此，财政部门需要把握介入保证金事宜的尺度，不能强制要求社会代理机构将不予退还的保证金上缴国库，否则就会破坏公平原则。不过，如果采购人或采购代理机构在采购文件中做出保证金不予退还的规定，就可以将保证金上缴国库。

（三）供应商报价与制造商授权

1. 报价

在政府采购市场中，价格是一个非常重要的因素。关于价格，政府采购有一个核心规则，即供应商报价。

政府采购使用的资金是财政性资金，这就要求供应商报价要遵循一定的规则和理念：一是要遵循市场经济的价值规律；二是要有利于促进经济社会发展；三是要有利于维护供应商之间的公平竞争。

基于此，在政府采购过程中，供应商的报价应该遵循“成本 + 合理利润”的原则，这就意味着必须按照供应商参与的政府采购项目的正常成本来计算报价，不能脱离具体采购项目的范围。在争取中标和成交机会的过程中，供应商不能垄断市场、排斥竞争，更不能损害其他供应商的利益，这就需要其报价不能带有垄断市场和恶意竞争的性质。同样，供应商也不能以低价销售淘汰过时和破坏市场生态环境的产品，以免给市场培育和生态环境带来不良影响。

供应商在采购项目中不仅要按照交易规则给付现实货物，还需要向购买人提供一定的维保服务，或者提供一些有利于维护采购标的物正常运转的物品。因此，供应商在进行报价的同时，还需要承诺向采购人提供必要的免费维保服务和物品，并且这些维保服务和物品不能与采购项目无关。

《政府采购法》对政府采购活动中各种资料使用的语言文字有明确规定，即所有书面和电子资料都应当使用中文。如果资料中有必须提供的外文部分，也需要将其翻译成中文，并以中文释义作为评判依据。

2. 授权

这里的“授权”指的是制造商向供应商的授权。《政府采购法》规定，除了进口产品外，采购人或采购代理机构编制的采购文件不得将供应商获得制造商的授权作为供应商参与采购活动的“实质性要求”。

有些专家认为，是否将授权作为采购文件中的“实质性要求”需要根据采购项目的具体要求来确定。如果采购项目存在特殊性，供应商必须拥有制造厂商或其他有权单位的授权才能参与采购项目，那么可以将这种授权作为满足政府采购需求的依据，正常的采购项目则不需要获得授权。

（四）竞标的有效期与知识产权

1. 竞标有效期

竞标有效期指的是供应商提交的投标文件保持有效的期限。

供应商需要在竞标有效期内正常履约才可能参与后续的采购活动。当然，供应商也可能由于不可抗力而无法履约，这种情况下不需要承担相应的责任。除了特殊情况外，供应商如果主动放弃中标、成交资格，或者直接撤销投标文件，其投标文件中承诺的竞标有效期就会被判定为虚假响应。如果供应商撤销的投标文件中存在虚假材料，可能被追究法律责任。竞标有效期结束后，如果不是因为供应商犯错而导致采购合同无法签订，供应商可以在不承担法律责任的情况下放弃中标和成交资格，或直接退出政府采购合同的签订。另外，供应商还可以依法向过错方提出补偿或赔偿。

在实际的采购过程中，采购人可能因为某些客观原因要求供应商延长竞标有效期。这里主要有两种情况：一是因不可抗力事件，如处理投诉举报案件等导致需要延长竞标有效期；二是采购人必须对采购需求进行调整。

采购人不能私自修改投标文件，但可以在投标有效期满之前，与供应商协商延长投标有效期。采购人因不可抗力需要延长投标有效期，但供应商不同意延长投标有效期，最终导致供应商不能再参与后续的采购活动的，采购人可以自己决定是否给予供应商补偿。如果采购人需要对采购要求做必要调整，从而导致供应商不能再参加后续采购活动，需要对供应商所受到的损失给予补偿或赔偿。

2. 知识产权

在任何采购活动中，采购方都需要尊重知识产权，这既是一项市场规则，也是一项国际规则，政府采购也不例外。但是，从政府采购的实际情况来看，尊重知识产权只是其次，更重要的是不能让后续采购投入受到中标供应商的“绑架”。如果中标供应商的知识产权出现问题，就可能导致后续的政府采购行为失去竞争力或缺乏创新性，给采购方利益、国家利益、社会公共利益造成损害。为了避免这种情况发生，政府采购文件需要设置以下三个方面的“实质性要求”：

一是供应商提交的投标文件需要做出以下承诺：供应商提供的产品和服务不涉及知识产权归属问题，确保没有因采购方侵犯第三方知识产权而引起法律和经济纠纷。若出现知识产权纠纷，供应商需要承担所有法律后果。

二是在采购项目实施过程中，采购人和供应商分别享受各自的知识成果和知识产权，其中，采购人享受的知识成果和知识产权是在实施采购项目时产生的；供应商享受的知识成果和知识产权是在其参加采购项目之前自有的。如果供应商想在采购项目实施过程中采用自有的知识成果和知识产权，需要在投标文件中表明并提供相关证明文件。

三是如果供应商在采购项目中采用了第三方的知识成果和知识产权，需要获得第三方的合法授权，并结清知识成果和知识产权使用费用。供应商需要保证其使用的知识成果和知识产权在该采购项目及后续项目的开发使用中均不涉及法律和经济纠纷问题。供应商支付给第三方的知识成果和知识产权使用费用需要包含在报价里，作为采购项目的成本构成，避免引起不必要的法律和经济纠纷。

政府采购项目需要遵循公平竞争的原则。因为在政府采购市场中，政府采购法律法规不能完全涵盖所有的违反公平竞争原则或不利于公平竞争的行为。因此，政府采购文件需要根据政府采购需求将保障政府采购活动公平的措施作为“实质性要求”的一部分，确保每一项政府采购活动都拥有良好的竞争秩序。

政府采购想要确保各采购项目之间形成有效竞争，就需要在采购文件中明确预防措施，具体来说就是要防止制造厂商之间、供应商之间、采购代理机构与供应商之间、采购人与供应商之间存在非法利益关系与合作关系。

（五）实质性要求其他条款设置

1. 合同分包

采购文件是根据政府采购需求编制的，其中需要注明供应商是否可以分包履行政府采购合同。如果属于分包履行合同，采购文件就应当明示相关的内容事项。不过，这些内容事项不属于政府采购合同的履行主体和关键性工作，因此，也不是供应商应当履行的主要合同义务。如果分包履行合同需要具备法律规定的资质要求，那么分包履行的供应商必须具备相关的资质条件。

对于能发挥政府采购政策功能的分包履行合同部分，采购代理机构需要将相关措施办法添加到采购文件中，确保政府采购政策的各项措施有效实施。实行分包履行的采购合同部分，其履行标的需要与整个政府采购合同的履行标的保持一致。中标、成交供应商需要向整个采购项目负责，分包供应商需要向分包项目负责，中标、成交供应商与分包供应商就分包项目承担连带责任。

2. 禁止转包

在实际的采购项目中，层层转包具有较大的危害性，特别是在一些重大工程的招投标领域，层层转包会给国家利益和社会公共利益造成巨大的损失，因此政府采购需要严格禁止中标供应商对外转包。

转包与分包之间存在实质性区别，在分包项目中，中标供应商不退出原有政府采购合同维系的权利义务关系，分包供应商与中标供应商都要对采购人负责，两者没有债权债务关系。而转包则与之相反。如果中标供应商无视合同规定进行转包就相当于拒绝履行政府采购合同义务，将被追究法律责任。

3. 竞标纪律

政府采购活动想要正常进行，需要制定必要的纪律要求。在参加政府采购活动时，所有供应商都必须遵循以下三大原则：一是合法合规原则；二是公平竞争原则；三是诚实守信原则。供应商需要时刻注意自身行为，禁止出现以下行为：一是提供虚假材料；二是诋毁或排挤其他供应商；三是串通他人向有关单位和个人行贿或提供其他不正当利益；四是违规协商谈判；五是无正当理由放弃中标或拒不签订政府采购合同；六是违规签订政府采购合同。如果供应商存在上述行为，采购方应依法追究其责任，同时取消其中标和成交资格。

4. 重要文书格式

政府采购活动想要规范进行必须规范竞标文书的格式设置，即供应商竞标文书格式，特别是采购文件格式要保持统一。投标函、承诺函等必备文书格式应当作为实质性要求，用以保障采购活动规范、有序进行。而竞标文书中的一些备注栏目，应该作为选择性填写事项，以便供应商根据自身竞标情况做出解释性说明。

另外，竞标文书可能存在一些与采购项目无关的填写事项，如果不影响采购需求，供应商可以不填写。

5. 技术服务、商务等要求不得偏离且必须响应的规定条款

这类规定条款能够体现采购项目的特殊性，它们是采购人、采购代理机构最关心和最重视的部分，也是确定采购需求时最花精力的部分。通过这类规定条款，我们可以直接看出不同采购项目在采购需求上的主要区别。

这类规定条款的设置要确保采购项目核心采购需求的实现。为了保证竞争的有效性，采购机构需要将法定供应商数量要求写入这类规定条款。与专有性的技术服务、商务等相关的要求一般不会作为"实质性要求"，但如果这些要求具有可替代性，同时采购文件明确允许可替代性产品存在并不会对其进行不利处理，那么这些要求也可以作为"实质性要求"的规定条款。

6. 政府采购合同需要事前确定的不可协商变更的规定条款

政府采购合同体现了政府采购的契约化精神。政府采购合同在遵循《中华人民共和国民法典》（以下简称《民法典》）相关规则时也会存在一定的风险，例如《民法典》的意思自治原则可能会影响通过采购经验确定的实质性采购结果。

因此，一些不可协商变更的规定条款应该在采购文件中率先列举出来，这样不仅能保证政府采购合同履行满足采购需求，同时也遵循了率先确定政府采购合同主要权利和义务的原则。

政府采购文件中还可能存在一些采购人无法接受的其他条款内容以及供应商必须满足的其他条款内容，这就要求采购方在编制采购文件或组织采购活动时不断总结完善内容条款，促进政府采购需求的实现和满足。

第三章　政府采购代理机构操作实务

一、采购代理机构管理制度与规范

（一）采购代理资格与管理规范

国内外供应商想要进入政府采购市场需要接受政府采购管理机构的审查和管理，社会中介组织想要获得政府采购业务代理资格也需要接受政府采购管理机构的审查和管理，具体来说就是对这些供应商和社会中介组织的技术、资金、能力、信誉等方面的资格条件和标准进行统一规范和管理，这就是政府采购市场准入制度。

1. 社会中介机构政府采购业务代理资格条件及管理规范

在政府采购过程中，政府采购机构可以委托社会中介机构代理政府采购事务，前提是所委托的社会中介代理机构必须具备政府采购业务代理资格，这就要求社会中介机构必须是依法成立的组织，同时从事招标代理业务，可以为政府机关提供相关代理服务。

社会中介机构获得政府采购业务代理资格的条件如表3－1所示。

表3－1　社会中介机构获得政府采购业务代理资格的条件

序号	条件
1	必须是依法成立的机构或组织，具有法人资格
2	有20%的机构人员接受过省级以上财政部门组织的政府采购业务培训，并熟悉政府采购的相关法律、法规和政策
3	要拥有一定数量的专业人员，机构中60%以上的人员要具备终极专业技术职称，20%以上的人员要具备高级专业技术职称，总之要能胜任政府采购的相关工作

续表

序号	条件
4	机构人员要具有利用现代科学手段完成政府采购代理工作的能力
5	中介机构在申请代理资格前的一定年限内，其法人、法定代表人不能有违反法律、法规和规章的行为

2. 如何管理社会中介机构的政府采购业务代理资格

①资格认定程序。社会中介机构想要获得政府采购业务代理资格，需要向政府采购管理部门提交书面申请，并提供机构资信、业绩等方面的证明材料，同时政府采购主管部门要依法审核这些机构提供的申报材料。

②资格证书的审验。招标代理机构的政府采购招标代理资格需要由政府采购主管部门进行定期审验。政府采购招标代理机构要按照规定及时到政府采购主管部门办理换发手续。

3. 供应商准入政府采购市场的条件

财政部颁布的《中华人民共和国财政部政府采购管理暂行办法》（以下简称《政府采购管理暂行办法》）明确规定了政府采购供应商准入政府采购市场的条件，主要分为两类：

中国供应商准入政府采购市场的条件。《政府采购管理暂行办法》规定中国供应商获取政府采购代理资格的条件：一是具有中国法人资格或者具有独立承担民事责任的能力；二是遵守国家法律、行政法规，具有良好的信誉；三是具有履行合同的能力和良好的合同履行记录；四是有良好的资金、财务状况；五是财政部及省级人民政府规定的其他条件。

外国供应商准入政府采购市场的条件。《政府采购管理暂行办法》规定外国供应商获取政府采购代理资格的条件为：一是经财政部及省级人民政府批准一次性准入政府采购市场的外国法人、其他组织或者个人；二是根据我国缔结或者参加的国际公约、条约、协定，所承诺的准入我国政府采购市场的外国法人、其他组织或者个人。同时，该办法明确规定，外国供应商应履行与中国供应商同等的义务，享有同等的权利。

（二）采购供应商资格审查制度

潜在供应商或者参加投标的卖方企业想要获得政府采购供应商资格，就需要接受政府采购机构对其进行的技术、资金、信誉、管理等多方面评估和审查。资格审查可以在两个时间点进行，一是在招标采购之前，二是在发出招标通知之后。在政府采购活动中，资格审查的作用比较特殊，既可以用来确定政府采购方式，为采购项目及时有效地完成提供基础保障，还可以有效提高政府采购机构的工作效率，降低政府采购的整体成本。

政府采购机构对供应商进行资格审查需要经历以下步骤：

（1）搜集潜在供应商的信息

搜集潜在供应商信息一般有两种方法：系统化信息搜集和临时性信息搜集。

（2）对潜在供应商进行资格审查

在资格审查过程中，政府采购机构应该在一定范围内对潜在供应商是否满足相关的标准进行审查，审查标准如表 3－2 所示。

表 3－2　潜在供应商资格审查标准

序号	资格审查标准
1	供应商需要拥有足够的资金来完成采购项目，或者说，至少要具备获得这些资金的能力
2	供应商需要具备一定的组织经验和专业技术，其中，专业技术主要是财会和业务控制技术，主要包括生产控制技术、财务控制技术、质量保障技术、产品和服务安全防范技术等
3	具备用于生产和施工的必要设备设施，或获得这些设备设施的能力
4	具有良好的商业行为记录和合同履行史，以及按照政府采购计划按时交货的能力

另外，政府采购机构在对一些大型工程项目和特殊的采购项目进行潜在供应商资质审核时，需要在有关专家技术人员的协助下制定相应标准。政府采购机构不仅要根据相关标准对潜在供应商进行审查，还要根据相关规定对供应商实施优惠政策，例如实施“国货优先”政策，实施中小企业优惠政策，对高失业区域和不发达地区的供应商实施优惠政策等。

（3）确定供应商资格

潜在供应商想要成为合格供应商，需要通过资格审查机构对其资格标准进行审查，并提供相关资信证明。合格供应商一旦确定下来，政府采购机构就要及时公开告知各参与资质审核的供应商，或者以部分告知的方式通知供应商，邀请合格供应商参加政府采购活动，以保证采购活动得到有效管理和实施。

（三）采购代理机构的工作流程

（1）依法接受委托

接受采购任务：在市政府采购信息管理平台上找到项目管理，点击采购任务，随时查看本月追加的政府采购任务，定期查看次月的采购任务。

签订委托代理协议：从政府采购信息管理平台上获取采购任务和信息，根据自身情况选择合适的采购人取得联系，并与其签订纸质委托代理协议。

确认网上委托：接受采购人的网上委托，及时确认采购委托函。

（2）制订采购方案

评估采购项目的复杂程度，确定采购方式，了解是否采购进口产品等信息，然后制订科学合理的采购方案，同时明确各采购环节的工作职责、质量标准、时间节点、责任人和协调人，制定应急预案以应对突发状况。

（3）编制招标采购文件

明确采购人提出的采购需求、评标标准和评标办法，明确采购项目的具体情况，依据政府采购的法律法规和制度规定编制招标采购文件。招标采购文件既要符合国家对政府采购的相关规定，也要符合地区政府对政府采购的相关规定，同时不能排斥和歧视供应商，要按照科学合理的准入条件拉入供应商。

为了获得最大化的公开、公平和公正，采购代理机构需要对采购需求、评标标准、评标办法、供应商准入条件等信息进行公告，例如可以在“××市政府采购网—征求意见—采购文件”中发布公告，公开征求各方意见。另外，采购代理机构还可以邀请专家对这些信息进行科学论证，使采购需求更加科学合理。

采购代理机构要提醒采购人及时确认招标采购文件，并通过市政府采购信息管理平台上的文件管理功能将招标采购文件上传至政府采购办公室进行备案。

（4）发布采购信息

依据采购预算编辑采购信息文本，在市政府采购网上找到采购信息功能，并在相应栏目中发布采购信息。

（5）审核供应商注册情况并发售标书

采购代理机构辅导供应商完成线上注册，并及时对供应商进行审核，然后再按照规定的时间和要求发售标书。

（6）组织标前答疑会和踏勘现场，协调解答供应商疑问

采购代理机构要按照采购信息规定的时间和要求，结合项目的具体情况，组织标前答疑会和踏勘现场。在答疑会上，采购代理机构要耐心解答供应商提出的问题，既可以协助采购人回答供应商的问题，也可以邀请专家进行论证。

（7）发布变更信息

当采购项目发生变更时，要及时按照“市政府采购网—采购公告—变更公告”的路径进行公告。

（8）提出专家抽取申请

采购代理机构要在开标前 1 个工作日的上午，按照“市政府采购信息管理平台—专家管理系统—抽取申请”的路径提交抽取申请，并在开标前 1 小时将专家名单打印出来。

（9）开标

审核签到：组织供应商签到，核对标书发售情况和供应商注册信息，审核供应商的投标保证金缴纳情况和投标文件，接收供应商递交的密封投标文件（含电子开标解密）；组织专家、监督员签到并核验身份；组织采购人代表签到并核验身份，接收采购人提交的授权委托书。

开标仪式：向参加开标仪式的各方公开投标供应商名单，确认投标文件密封情况，开启投标文件并唱标，由供应商确认相关信息。

在招标时，如果供应商不能达到法定数量，则会被视作废标。采购代理机构要按照相关法律法规办理废标事宜，并通过“市政府采购网—采购公告—废标公告”的路径发布废标公告。如果采购人想要变更采购方式，可以在代理机构的协助下通过“市政府采购信息管理平台—采购方式管理—现场变更”的路径办理采购方式变更事宜。在这个过程中，采购人要填写变更信息和变更理由，并将自己的意见和专家意见上传至政府采购办公室，得到批准后才能实施采购。

（10）评标中采购代理机构项目人工作职责

采购代理机构项目人要在评标过程中做好以下工作：一是做好自我介绍以及项目单位、项目名称、采购人代表、专家组成员、监督员的介绍；二是宣读评标会场纪律；二是邀请采购人代表介绍项目情况；四是介绍供应商投

标的基本情况；五是组织专家研读招标采购文件；六是协助评标委员会处理相关事务；七是协调处理政府采购各方当事人的相关诉求；八是做好评标记录；九是做好相关服务。另外，采购代理机构还要督促采购人、供应商、评审专家、监督员在相关文件上签字，评价评审专家、监督员、采购人、投标供应商参与项目的情况，协助评标委员会出具评审报告。

（11）督促采购人确认评审报告并上传备案

提交评审报告后，采购代理机构要在 5 个工作日内督促采购人及时确认报告内容，在采购人确认评审报告后通过“市政府采购信息管理平台—项目管理—评审报告”的路径将评审报告上传至政府采购办公室备案。

（12）发布采购结果公告

在采购人确认采购结果后，采购代理机构及时通过“政府采购网—采购公告—中标结果公告”的路径公示采购结果。

（13）发中标（成交）通知书

采购代理机构将中标（成交）通知书发送给中标（成交）供应商，并提示供应商在 30 天内与采购人签订政府采购合同。同时，采购代理机构通过“市政府采购信息管理平台—项目管理—中标成交通知书”的路径将中标（成交）通知书上传至政府采购办公室备案。

（14）督促采购人和供应商及时签订政府采购合同

采购人与供应商要在中标（成交）通知书发出 30 天内按照招标文件和投标文件的要求签订政府采购合同，并相互监督，不得擅自变更合同内容。

（15）政府采购合同备案

政府采购合同签订完毕后，采购代理机构要督促采购人在 7 个工作日内将电子合同在采购办公室备案，将纸质合同在采购代理机构备案。

（16）协调采购人与供应商的履约事宜

采购代理机构在合同执行期间要监督并协调采购人与供应商的履约行为，提醒过错方纠正不当行为，依法履约，遇到严重违约的情况，要及时向政府采购办公室汇报。

（17）组织验收

如果采购项目的成本超过 300 万元，采购代理机构要组织专家和相关当事人参与项目验收，同时起草验收报告，并督促各方签字。

(18) 手续办理

协助办理国库集中支付项目相关手续。

(19) 立卷归档

采购代理机构要按照相关要求和采购项目类别将所有采购文件、往来书函等整理归档并妥善保存，保存期限至少 15 年，因此最好采用电子档案进行保存。

(20) 接受质疑，答疑解惑

采购代理机构在政府采购过程中要对采购人、供应商、评审专家、监督员提出的各种疑问进行及时、耐心的解答，要大力宣传采购政策，努力将实际情况阐述清楚，争取各方的理解和认同；同时还要依法协调好各方的利益与诉求。需要说明的是，在收到供应商的质疑后，采购代理机构必须在 7 个工作日内做出客观、准确和翔实的书面答复。

(四) 采购代理机构的行为准则

采购代理机构是采购活动中常见的一种机构，能根据采购人的委托代理所有采购事宜。采购代理机构主要分为两类：一是事业单位性质的集中采购机构；二是中介性质的采购代理机构（这种机构通常都是由财政部或省级财政部门认定的）。作为采购人的委托机构，采购代理机构肩负着重要责任，因此应该谨遵行业标准，建立一套科学合理的行为准则。下面我们对采购代理机构的行为准则进行介绍。

(1) 委托代理

采购代理机构首先需要依法与采购人签订书面委托代理合同，然后才能开展代理服务。采购代理合同的签订一方面要结合采购项目的特点；另一方面要结合采购项目的切实需要。采购代理合同中要明确规定代理服务的内容、标准、职责、权限等，采购代理商要严格遵照合同约定内容提供相关代理服务，不得无权代理、越权代理和违法代理。

(2) 依法执业

采购代理机构要严格遵守行业的法律法规，积极推进相关政策的落地，努力执行国家和行业的标准和规范，既要维护服务主体的合法权益，也要维护国家和社会的公共利益。

（3）诚信履约

采购代理机构要诚实守信、遵守法律、恪守职业道德，不仅要严格遵守委托代理合同的相关规定，还要认真履行委托代理合同的责任和义务，要利用职业服务标准来指导自身行为，做到廉洁自律。

（4）充分告知

采购代理机构要在代理服务的过程中及时将服务进度、服务结果等信息报告给采购人，也要按照委托代理合同的约定，提前将采购方案、采购公告、采购文件、成交通知书等重要文件送交采购人审核确认，同时还要将澄清、修改文件内容等重要决策及时送交采购人审核批准。也就是说，在未获得授权的情况下，采购代理机构需要将采购活动中形成的重要文件和重要决定提前汇报给采购人，由采购人审核确认后再继续进行相关工作。

（5）自愿有偿

采购人应当主动选择采购代理机构，采购代理机构接受采购人委托应遵循自愿原则。在签订委托代理合同后，采购代理机构要向采购人提供采购代理服务，同时根据委托服务的内容范围、工作量、质量等因素向采购人收取采购代理服务费。

（6）严格保密

采购代理机构不能在代理服务过程中泄露国家秘密、企业商业秘密、技术秘密等，要严格遵守保密义务，按照法律要求和合同约定做好保密工作。

（7）利益回避

在代理采购项目的过程中，采购代理机构不能同时作为采购项目的供应商，也不能为供应商提供代理或咨询服务。

（8）能力建设

采购代理机构要努力提高自身的专业能力，不断提高采购代理服务的质量和效率。具体来看，采购代理机构的能力建设策略如表3-3所示。

表3-3　采购代理机构的能力建设策略

序号	能力建设策略
1	按照法律规定，制定采购代理服务规范和工作流程，严格依法执行相关规范和流程
2	通过教育和培训提升采购代理服务从业人员的职业道德水平，建立采购代理职业道德规范，并不断进行完善

续表

序号	能力建设策略
3	建立采购代理服务质量管控体系和岗位责任追究制度，对采购方案、采购公告、采购文件等重要资料进行审校，对服务程序进行实时监督
4	努力培育采购代理专业人才队伍和专家库资源
5	优化采购代理的服务环境，不断提高配套服务设施的水平
6	推动数字化、信息化建设，用信息化手段加强代理机构内部人员之间、代理机构与采购人之间的交流，用数字化手段对企业进行科学管理，不断提高信息利用率和服务效率

（9）规范竞争

采购代理机构要规范自己的市场行为，杜绝出现不良行为，要树立良好的信誉，维护好自己的企业形象和行业形象。采购代理机构要杜绝如下行为：一是虚假宣传；二是做出违法、违规承诺；三是为了承包业务而提出违反市场规律的过低报价；四是故意贬低、恶意诋毁同行企业等。

二、采购代理机构的选择和委托

《政府采购法》第十九条第二项做出规定："采购人有权自行选择采购代理机构，任何单位和个人不得以任何方式为采购人指定采购代理机构。"采购人拥有"自行选择"代理机构的权利，这是《政府采购法》明确赋予采购人的一项权利。但是，很多采购人仍对"自行选择"存在许多困惑。近年来，国家取消了代理机构资格认定行政许可，大大降低了招标代理行业的"门槛"。在"零门槛"时代，各个代理机构蓬勃发展，但是由于这些机构的业务能力参差不齐，导致采购人很难从中挑选出最适合的代理商。目前，业界已经将如何选择优质的代理机构作为一项重点课题。

采购人一般可以通过直接指定、政府采购、遴选建库三种形式选择代理机构。

（一）直接指定：采购人自行选择

采购人可以直接指定代理机构，这是其自行选择权利的体现。许多采购人经常通过直接指定的方式来选择代理机构，具体的指定方式有通过考察指定、通过他人介绍指定、通过代理商的自我推荐指定。

这些指定方式方便、快捷，可以极大地减少采购人在选择代理机构方面的精力投入。但同时，这些指定方式也存在较大的盲目性，很可能最终选出的代理机构无法适应采购项目。另外还有一个需要重视的现象，即“他人介绍”“自我推荐”很可能会演变成人情关系和不正当竞争关系，例如领导打招呼、熟人拉关系等。

（二）政府采购：多元化采购方式

政府采购指的是通过政府采购程序选择代理机构。这种选择代理机构的方式需要满足一定的前提条件，即必须按照《政府采购法》的相关规定选择采购主体、采购资金和采购内容。所谓采购主体，指的是包括各级国家机关、事业单位、社会团体在内的采购人。政府采购中的采购资金必须是财政性资金，也就是直接用于项目采购的预算资金，不包括间接性或预期性财政性资金。

《政府采购法》第六条规定，“政府采购应当严格按照批准的预算执行”。在采购代理项目中，采购人可以从项目总预算中划分出部分代理服务预算。相同的情况常发生在工程项目建设中，例如从工程项目总预算中划分出勘察、设计、施工、监理等分项预算。一般来说，为了方便支付，采购人经常将代理费交由中标供应商支付，这部分费用将作为供应商投标报价的一部分呈现出来。在政府采购中，采购人可以从项目总预算中直接划分出代理服务预算。

具体项目的采购代理服务通常能够比较明确地确定采购需求。政府采购项目有三种类型，分别是货物采购项目、工程采购项目和服务采购项目。采购方式有很多种，包括公开招标、邀请招标、竞争性谈判、单一来源、询价等。不同的采购项目和采购方式往往意味着不同的代理服务采购需求，明确的采购项目和采购方式往往对应着明确的代理服务采购需求，或者说采购需求更具针对性。

财政部制定的《政府采购品目分类目录》（财库〔2013〕189 号）明确规定了“采购代理服务”的品目。政府采购必须具备采购项目、采购方式和采购需求这三大基本要素，在此前提下，按照规定的“采购代理服务”品目实施才能合理合法，获得真实可靠的采购结果。

政府采购的程序烦琐、周期较长。政府在开展采购项目时首先要选择代理机构，然后再选择供应商，这种做法的效率并不高。另外，从实践情况来看，通过这种方式选择代理机构经常会出现代理机构恶意竞争、低价竞标的现象，这也是令采购人十分困扰的问题。而在《政府采购货物和服务招标投标管理办法》（财政部令第 87 号）施行和落实后，这些现象得到了有效遏制。

（三）遴选建库：采购人自主建库

遴选建库就是通过遴选的方式从海量代理机构中选出部分优质机构组成代理机构库，再直接从中指定最优代理机构。建立代理机构库有两点好处：第一，可以避免人为干预，减少直接指定的盲目性；第二，可以减少工作量，避免每个项目都经过考察、选择或政府采购程序选定代理机构。

建库主体可以是采购人，也可以是政府或行政管理部门。想要充分体现“采购人有权自行选择采购代理机构”的法律规定，采购人可以选择自主建库。但是，通过这种方式建立的代理机构库是否合理还有待确定。一方面，不管采取哪种方法分配代理业务都会产生分配不公、权利失控、助长不正之风等问题，同时二次竞争容易使库内代理机构形成联盟，代理合同金额按照建库时的报价确定还会导致与实际代理项目不符；另一方面，长期通过建库选择代理机构容易形成垄断，破坏优胜劣汰的市场竞争机制。

自从国家取消代理机构资格认定后，不少地方政府或行政管理部门开始尝试为采购人集中建库。这种现象的出现主要有两个原因：首先，不同代理机构的业务能力参差不齐，很容易影响采购结果；其次，采购人直接指定代理机构容易形成不良风气，例如产生人情关系、公关关系等。

由地方政府或行政管理部门为采购人集中建库的初衷值得肯定，但是并没有从根本上解决问题，反而带来更多弊端。一方面，遴选建库无法完全避免上述提到的不合理因素；另一方面，遴选建库存在法律风险，因为其违反了“任何单位和个人不得以任何方式为采购人指定采购代理机构”的法律规定。

从短期利益来看，遴选建库不利于问责机制、惩戒机制的构建，容易导致采购人转嫁责任；从长远利益来看，遴选建库会影响代理市场竞争机制的构建。由此可见，遴选建库是不合理的。为了提高建库的合法性和权威性，有些区域采取政府和行政管理部门相结合的方式，利用政府采购程序选择代理机构并建库。

三、如何加强对采购代理机构行为的监管

（一）采购代理机构存在的问题

随着政府采购业务逐年增多，独立于政府和企业之外的第三方中介机构获得了前所未有的发展。随着这些机构逐步发展，国内市场对它们提出了更高的要求。然而，社会代理机构也暴露出越来越多的问题，这些问题严重影响了政府采购工作的规范和发展。目前，如何加强对政府采购代理机构的监管已经成为亟须解决的问题。

政府采购代理机构通常经过国家级或者省级政府部门资格认定，接受代理政府采购事宜的相关委托，在为政府提供代理服务的同时获得相应的服务报酬。

目前，各地政府采购如果想要委托给第三方代理机构，通常都是由财政部门对社会代理机构进行资格认定。社会中介机构参与政府采购具有积极意义，一方面能进一步规范政府的采购行为；另一方面也能提高政府采购效率和透明度，维护当事人各方的正当权益。委托社会代理机构进行政府采购能够弥补采购人自行采购的不足，或者弥补政府集中采购机构实行政府采购的不足。

但是，目前在市场机制不完善、监管不严格的情况下，社会代理机构经常出现各种各样的问题。这些问题主要表现在以下几个方面：

1. 超标准收费

社会招标代理机构是营利机构，存在着不按国家标准收取代理服务费的问题。其超标准收费具体表现在以下两个方面：

（1）混淆采购类别，自行提高标准

一些社会代理机构通常会在招标文件中明确规定代理费的收取按照国家标准执行，但是实际收费时却自行提高收费标准，例如按照货物招标标准收取建设工程项目的招标代理服务费，不按照分段计费标准收取招标代理服务费等。

（2）钻法律的空子，自定标准

原国家计委《关于印发招标代理服务费管理暂行办法的通知》（计价格〔2002〕1980号）对不涉及中标金额的费率并没有做出统一规定，因此，各招标代理机构可以根据业务的不同，自行规定按每中标单位200～5000元不

等的标准收取服务费。

2. 代理程序不规范

我国在政府采购方面的法律法规还有待完善，这些不够完善的地方很容易让采购代理机构钻空子，例如在标底保密环节、抽取专家环节、开标监控环节钻法律空子。调查发现，在当前的市场环境中，采购代理与供应商恶意串通的情况时有发生。

一些采购代理机构有时为了排斥潜在投标人会在招标文件中设定特殊条款，或者与评标专家合作牟取非法利益。不仅如此，有些采购代理人还会身兼供应商的身份，在招标过程中通过暗箱操作上演“自己招自己”的戏码，并从中获利。而这种情况取证困难，采购代理通常能浑水摸鱼、蒙混过关，最终获得大量不正当利益。

3. 代理服务质量不高

不同的采购代理机构往往拥有不同的管理制度，内部工作人员的素质也可能存在很大差别，这些因素都会导致采购代理机构的服务质量参差不齐。

一些采购代理在编制招标文件时只会为招标人提供资料提交和“跑腿”服务，难以对招标文件的编制方案提出有效建议，甚至只是通过不断修改招标文件来服务不同的采购人，导致不同项目的招标文件千篇一律。

要解决这一问题，最有效的方法是提高代理人员的业务水平。有些采购代理机构的工作懈怠，没有效率，在整理档案时经常出现档案编号错误、内容不一的现象，甚至不会留存中标通知书、采购合同等重要文件，使得备查工作难以正常展开。此外，也有一些采购代理人虽然技术水平较高，但欠缺职业道德，经常给投标人设置障碍，以牟取私利。

（二）提高代理机构的业务水平

政府采购代理机构存在的各种问题对政府采购活动造成了恶劣影响，导致采购单位和供应商“敢怒不敢言”，一方面会影响采购单位对政府采购工作的积极性，另一方面也会影响供应商投标的公正性，更严重的还可能影响政府采购活动的合法性。要解决这些问题，消除这些影响，政府采购机构必须加强对采购代理机构的监管，规范其采购代理行为。

那么，具体来说，如何解决采购代理机构存在的问题呢？我们认为可以从以下几个方面着手：

1. 提高采购代理机构的准入门槛

目前，社会上的采购代理机构良莠不齐，服务质量千差万别，各级财政部门要严把代理机构的准入门槛，根据专业水平、信誉状况和采购能力等指标综合评定代理机构资质，选用专业水平高、信誉状况优、采购能力强的机构代理政府采购业务，同时还要推动采购代理机构之间的良性竞争，利用优胜劣汰的竞争机制促使代理机构加强自身建设，避免采购结果受人情因素干扰。

2. 实行公开公示，使采购代理从“幕后”走向“前台”

在完成一个采购项目后，政府采购机构要及时通过媒体和网络渠道公示采购代理机构的代理情况，如项目情况、收费情况、考核情况等，让代理机构接受投标供应商、评标专家、采购单位乃至整个社会的全方位监督和公开评议，将采购代理机构从“幕后”推至“前台”，实现“阳光采购”。

3. 通过培训提升代理机构、采购单位的整体业务水平

采购代理机构要派遣固定专职人员负责政府采购工作。各级采购管理部门要定期举办业务培训活动，让这些专职人员充分了解政府采购的法律法规、财政部门的相关要求，一方面帮助他们提高政策采购的业务能力，另一方面让他们熟练掌握政府采购业务的各项流程，例如网上申报、修改参数等。

4. 提高对评标专家的管理水平，优化评标专家抽取

政府采购机构要做好对评选专家的监督工作，定期对其进行检查、信誉评价等，加强对专家库的动态管理，提高专家质量。一旦发现专家存在不顾职业道德、与供应商串通、评标掺杂个人倾向等现象，应对其进行严肃处理，乃至将其踢出评选专家队伍。另外，政府采购机构还要提前做好评选专家的抽取工作，为专家预留准备时间，确保专家在评标时及时就位。

（三）强化采购代理机构的监督

1. 完善相关制度，对代理机构实行严格管理

各级财政部门要积极制定和完善《招标代理机构管理制度》《招标代理机构考核制度》等，加速推动对社会代理机构的管理、考核、评价、公告等各项制度的建立，约束代理机构行为，定期公开对采购代理机构的考核结果，使代理机构接受社会舆论监督，还要建立《招标代理机构诚信档案》，对不诚信的代理机构进行严格惩戒，取消触犯法律的代理机构代理政府业务的资格，并给予其法律惩罚。

加强对采购代理机构的管理，督促其建立和完善内部制度，提高工作效率和服务质量，并输出优质服务。

规范委托代理合同文本，统一相关标准，在文本中注明采购人向代理人授予的委托权限，以及委托采购单位处理的采购事宜，避免事后发生纠纷。

各级财政部门还要与检察院沟通，适当延长代理机构行贿犯罪记录查询的有效期，减少查询工作量。

2. 加强对采购代理机构的监督，形成监督合力

财政部门、监察部门、审计部门等要加强对采购代理机构的监管，形成监督合力。各部门要利用动态监控系统实时监督采购代理机构，防止代理机构实施违法乱纪行为，对于已经产生违法乱纪行为的，要及时发现并进行处理，严肃追究相关人员的责任，维护政府采购的健康形象。

3. 推动采购代理机构走上专业化发展道路

采购代理机构要认清当前形势，领会相关政策和条例对其提出的新要求，不断提高自身的业务能力，努力追求专业化发展，提高品牌信誉度和知名度，积极配合政府采购监督管理工作，同时要依法采购、规范执业，履行好自身的责任和义务。

《中华人民共和国政府采购法实施条例》（以下简称《政府采购法实施条例》）是由国务院发布、为《政府采购法》的实施提供规范的条例。作为综合性行政法规，《政府采购法实施条例》对政府采购各方的责任、权利、义务和禁止行为等做出了明确规定，不仅完善了违法责任追究制度，同时也加强了政府采购法的执行力和约束力。采购代理机构在采购活动中要严格遵守《政府采购法实施条例》的相关规定，加强对采购法律法规的学习和培训，杜绝以非法手段获取代理业务，坚决不与采购人、供应商恶意串通，要依法依规组织采购活动。

4. 成立行业协会，加强行业自律

政府采购代理机构要自行组织起来成立行业协会，制定行业标准，加强诚信建设，建立执业准则，提高行业自律，防止各机构在代理工作中的不规范行为。

在激烈的市场竞争中，政府采购代理机构想要存活下来，必须不断提高自身的业务能力，保证代理服务质量。在激烈的市场竞争中，优胜劣汰机制会发挥作用，促进市场逐渐走向成熟。

第四章　政府招标投标操作实务

一、政府招标文件写作要点与规范

（一）政府采购投标人须知总则

投标人须知指的是用来告知投标人投标有关事项的文件。一般来说，投标人须知要包含六大内容：总则、招标文件内容、投标书的准备、投标书的递交和开标、投标书的评审和比较、合同授予，其中的说明、要求、规定等用于告知投标人投标事项，在招标文件中不能随意改动。如果某个具体的采购项目需要改动可以在“招标数据表”中自行改动。投标人须知的各项内容必须做到具体、明确。

需要注意的是，虽然投标人须知非常重要，但在签订合同时却不属于合同的一部分。

1. 招标范围

招标文件的合同专用条件、技术规范、工程量表、图纸以及投标书附录中都有对招标范围的描述，要求投标人在规定时间内完成合同。

2. 资金来源

说明业主招标项目的资金来源，如果是国际金融机构的贷款，应该说明金融机构的名称以及贷款支付使用的限制条件。例如有规定表示，如果联合国安理会对某些国家做出了禁运决议，就不能使用世界银行的贷款在该国进行采购。

3. 腐败行为

世界银行要求世界银行贷款合同下的借款人（包括受益人、投标人、供货人、承包商、咨询工程师）在采购过程中要遵守最高的道德标准，不能有腐败、欺诈、串通、胁迫等行为，并对这些行为做出了明确定义。

腐败行为：指的是在采购过程中或合同实施的过程中诱导采购人员接受财物或者采购人员主动索取财物的行为。

欺诈行为：指的是隐瞒或歪曲事实以影响采购进程，损害借款人利益的行为，包括投标人相互串通导致投标价格失去竞争性。

串通行为：指的是两个或者多个投标人私下达成协议，通过计划或安排让投标价格达到人为设置的、不具有竞争性的水平。

胁迫行为：指的是直接或间接地威胁损害他人的生命或财产安全，导致其无法参与采购活动或者给合同实施造成不良影响的行为。

在招标过程中，如果被推荐授予合同的投标人或代理机构参与了上述行为，则终止授予合同，在中标候选人中进行选择或者重新招标。

银行有权在招标文件或合同中做出如下规定：投标人、供应商、承包商、咨询工程师等单位或个人应该允许银行调查其账目、交易记录、与投标书有关的其他文件、之前的合同履行情况等，并且要允许银行指派的审计人员进行审计。除此之外，对于招标合同中的其他有关规定，投标人必须严格遵守。

（二）政府招标邀请书写作要点

招标邀请书是招标单位在确定招标方式之后，向供应商单位发出的邀请其参加投标的文书。对于一些重大工程项目，招标单位会在发出招标公告的同时，有针对性地向一些单位发送招标邀请书。

1. 作用

招标单位在发出招标邀请书之前必然对日标单位做过调查，对目标单位的各种情况做过一定的了解，从这个层面来说，招标邀请书具有增强针对性的作用。

招标邀请书可以保证工程建设的质量与水准。采购单位发放招标邀请书之前一般会对目标单位的资质、技术实力、财力、人力等因素进行综合考虑，选择行业内的佼佼者，以保证工程质量与水平。

2. 结构

招标邀请书一般由标题、正文两部分构成，具体分析如下：

标题：招标邀请书的标题非常简单，只需要写出文种“招标邀请书”即可。

正文：招标邀请书的正文由三部分构成，一是称谓；二是主体文；三是结尾。具体内容如表 4 – 1 所示。

表 4 – 1　招标邀请书的正文内容

结构	具体内容
称谓	即主送单位，顶格写明被邀请单位的名称
主体文	主体文要明确阐述招标项目、招标依据的条件及其他基本事项。如果在发送招标邀请书之前已经发布了“招标公告”“招标启事”等文件，说明了招标项目、招标依据等内容，就无须再赘述相关事宜，只需要“随邀请书附上”即可
结尾	招标邀请书的结尾部分要写明招标单位的全称、地址、联系人、电话号码、邮政编码等

（三）政府招标文件的主要内容

1. 招标文件的澄清、现场考察、标前会议

在收到招标文件之后，投标人要仔细阅读，发现遗漏、错误、词义模糊等情况要以书面的方式向招标人提出质询。对于提交质询的时间，招标文件要做出明确规定，例如投标截止日期前 21 天等。收到质询后，招标人要做出书面回复，并且要将答复递交给所有投标人，不用说明提问人。

如果是工程招标，投标人可以按照招标人要求，在规定时间内到现场进行考察，了解相关情况，考察期间发生的费用由投标人承担，如果发生人身或财产损失，也全部由投标人负责。

为了澄清投标人对投标文件的质询，招标人可以组织召开标前会议，回答各种问题，同时以书面的形式将问题及答复发给每一位投标人。如果招标人将标前会议中的相关内容作为正式招标文件的一部分，就要以补遗书的形式将其发给所有投标人。

2. 招标文件的修改

在投标截止之前，招标人可以对招标文件进行修改。无论招标人认为有必要进行修改，还是针对投标人提出的质询进行补充说明，都可以以补遗书的形式对招标文件进行修改。如果发出修改通知的时间太晚，招标人可以推迟投标截止日期。招标人无论做出何种修改，都应该以书面的形式将修改内容发送给投标人，投标人收到文件后向招标人提交书面回执。

（四）投标人资格要求注意事项

自然人、私企、国企、联营体等只要符合条件就可以成为投标人。当投标人是联营体时，需要注意以下事项：

如果“招标数据表”没有特殊规定，联营体的所有成员不仅要承担共同责任，而且要承担各自的责任。

联营体要推举一名代表，在投标、授予合同、执行合同的过程中代表联营体的所有成员开展相关工作。

每个投标人都应该具备《采购指南》（全称《国际复兴开发银行贷款和国际开发协会信贷采购指南》）定义的“合格国家”的国籍。拥有国籍的方式有两种：一种是采购人是该国公民；另一种是采购单位在该国注册或组建，并且按照法律规定运作。

一名合同的投标人不能与相关方存在利益冲突。在投标过程中，如果投标人发生下列情况中的任何一种，都会被认为与一方或者几方存在利益冲突：

- 投标人至少拥有一个共同控制方。
- 投标人从其他任意一方得到直接或间接的利益补助。
- 投标人拥有共同的法人代表。
- 投标人与另一方投标人存在千丝万缕的关系，可以获得其他投标人的投标信息或者影响其他投标人的投标行为，甚至可以影响采购人的招标决策。
- 投标人在同一时间参与多个投标。
- 投标人曾参与工程设计或技术规范的编制。
- 投标人被采购人雇佣前来履行合同。

只要存在上述情况中的一种，投标人就会被认定为不合格，就会被取消投标资格。另外，按照相关规定，国有企业只有在财务与法律上独立，与业主机构不存在依附关系才有资格参与投标。

二、招标资格预审文件的主要内容

资格预审文件应该包括三大内容，分别是资格预审通告、资格预审须知和资格预审申请书。

（一）资格预审通告的主要内容

资格预审通告的主要内容如表 4－2 所示。

表 4－2　资格预审通告的主要内容

序号	主要内容
1	工程项目的基本情况，包括工程项目名称、建设地点、工程规模、资金来源、工程承包方式、工程招标范围、工程开工时间与竣工时间、业主与招标代理机构的名称等
2	对申请资格预审的投标人的要求，主要包括类似工程的施工经验，施工机械设备、施工人员、施工资金、施工技术等方面的能力要求，以及相关的证明材料
3	要求投标申请人就工程施工、竣工、保修所需要的设备、服务、材料、劳务等资源的供应提交资格预审申请书
4	发布资格预审文件的时间、地点、办公室名称、负责人姓名、购买费用等
5	资格预审文件提交的截止日期、提交地址、负责人姓名
6	资格预审结束后发布资格预审通知书的时间

（二）资格预审文件的内容要求

1. 总则

总则中要注明业主名称、资金来源、工程名称、工程所在地、工程概述。其中，工程概述要包括“初步工程量清单”中的主要项目和估计数量、投标申请人可以执行的最小合同规模、资格预审时间表等。这些内容都可以以附件的形式列出。

2. 要求投标人提供的资料和证明

投标人需提交的资料和证明如表 4－3 所示。

表 4－3　投标人需提交的资料和证明

序号	资料与证明
1	申请人的身份与组织机构，包括公司/合伙人/联营体各方的注册地点、经营地点、资质等级等原始文件的复印件
2	申请人在近几年（具体年限以资格预审文件规定的年限为准）完成的类似工程的具体情况，以及正在履行合同的工程情况
3	合同主要执行人员的资历、经验

续表

序号	资料与证明
4	合同执行所涉及的主要机械设备的使用情况
5	本工程拟分包项目与拟承包人的情况
6	投标申请人近 2 年（或按照资格预审文件规定的年限）的财务报表（必须经过审计），未来 2 年的财务预测，以及允许招标人查询其开户银行的授权书
7	投标申请人近 2 年（或按照资格预审文件规定的年限）介入的诉讼情况

3. 资格预审通过的强制性标准

强制性标准指的是对工程项目一览表中各项目提出的强制性要求，通常以附件的形式呈现，主要包括工程项目一览表中各项目的业绩要求；强制性财务、人员、设备、分包、诉讼、履约标准等。如果投标申请人达不到强制性要求，就无法通过资格预审。

4. 对联营体提交资格预审申请的要求

如果某投标人可以独立履行合同项目，招标单位应当鼓励其单独参与资格预审。但在很多情况下，一个合同项目需要多家企业合作才能完成，所以通常会由多家企业组成联营体参与资格预审。因此，资格预审须知需要对联营体提交资格预审申请这类情况做出具体规定，内容如下：

如果企业之间的关系达不到联营体要求，或者企业既以联营体的身份参与投标，又单独参与投标，无论哪种资格预审申请都不能通过。

联营体的各个成员需要满足以下要求：

- 联营体的各成员必须独立提交完整的资格预审申请。
- 资格预审申请通过之后，投标文件以及中标之后签订的合同对联营体的所有成员都具有约束力。
- 联营体在提交投标文件时要一并提交联营体协议，该协议要对联营体各方对项目所承担的共同义务以及独立义务做出明确规定，并对联营体各方参与承担本项目的责任、份额、工程能力、类似的工程经验进行说明。
- 联营体要推选一名负责人与招标人联系。
- 资格预审结束后，如果联营体通过资格预审，但内部成员要进行调整，必须获得业主的书面同意，新组建的联营体的整体实力不能比之前的联营体逊色。
- 对联营体各成员通过资格预审的各项能力做出明确规定，例如要求联营体各成员所具备的能力不低于各项资格要求的25%，主办人所具备的能力不低于各项资格要求的40%，所承担的工程不少于合同总价格的40%。

•联营体提交资格预审申请后不能随意解体，不能与其他申请人联合通过资格预审。

5. 对通过资格预审投标人所建议的分包人的要求

如果资格预审申请者推荐分包人，在对申请者进行资格预审的同时也要对分包人进行资格预审。通过资格预审之后，申请人要更换分包人必须经由招标人同意。如果申请人私自变更分包人，资格预审结果可以直接作废。

6. 对通过资格预审的国内投标人的优惠

通过资格预审的国内投标人在投国际标时，如果能提出令招标人满意的符合优惠标准的文件证明，在投标报价时就能获得世界银行贷款项目的优惠。享受优惠的标准条件如下：投标人在工程所在国完成注册；工程绝大多数股份掌握在工程所在国的投标人手中；分包给国外工程公司的工程量在合同价的50%以内。只要满足上述三个条件，投标人给出的投标报价在评标排名时可以享受7.5%的优惠。

7. 其他规定

其他规定内容比较多，比较琐碎，具体包括申请人提交的资格预审文件的份数，送交单位的地址、邮编、电话、传真、负责人、截止日期。对于申请人需要提交的文件资料，招标人要做出详细说明，并对申请人提交的资料进行审核与澄清，对于弄虚作假的申请人可以直接予以拒绝；不对资格预审者的数量做要求，而且资格预审者可以同时投多个合同的标；以书面的形式将资格预审结果通知每一位申请人，申请人收到通知后在规定时间内做出回复，确认收到通知，然后招标人向通过资格预审的投标人发送投标邀请函。

8. 附件

资格预审须知的附件应该包含的内容如表4－4所示。

表4－4 资格预审须知附件的内容

项目名称	具体内容
工程概述	工程概述一般包括项目环境，例如项目地点、地形、地貌、地质条件、气象条件、水文条件、交通条件、能源、周围的服务设施等。工程概况主要说明工程项目的具体情况，包括结构工程、土方工程、合同标段的划分、计划工期等

续表

项目名称	具体内容
主要工程一览表	将工程名称、数量、规模等内容用表格明列出来。如果一个项目分成了几个合同进行招标，应该按照招标合同将项目分别列出
强制性标准一览表	如果工程项目提出强制性要求，要用表格的形式将这些要求明列出来，邀请申请人填写满足或者超出强制性要求的具体情况。强制性标准一览表可以分为三栏，第一栏填写提出强制性要求的项目名称；第二栏填写强制性业绩要求；第三栏填写申请人满足或者超出业绩要求的项目评述
资格预审时间表	表格可以列出资格预审通告发布的时间、资格预审文件的出售时间、资格预审申请书递交的截止日期、向通过资格预审的投标人发送通知的具体日期等

（三）资格预审申请书的编制

为了规范资格预审申请书的格式，招标人要按照资格预审条件编制资格预审申请书，让申请人按规定填报，以保证申请人竞争的公平性，为后续评审提供方便。一般来说，资格预审申请书应该包含以下内容：

1. 申请人表

申请人表要包括申请人的名称、地址、电话、传真、成立日期等。如果是联营体，要注明主要申请人以及合伙人的名称、地址，加盖公司公章，并附上合伙人关系文件。

2. 申请合同表

对于拆分成几个不同的标段进行招标的工程项目，申请合同表要列出各个标段的编号与名称，让申请人根据自身情况选择想要投标的标段。

3. 组织机构表

组织机构表要说明公司概况，列出领导层名单、股东名单、直属公司名单、驻当地办事处或联络机构名单等。

4. 组织机构框图

申请人可以利用框图的形式说明本机构与母公司或者子公司之间的关系，注明总负责人和主要人员。如果是联营体，申请人可以利用框图说明合伙人之间的关系，以及彼此之间的责任划分。

5. 财务状况表

财务状况表主要涵盖以下几类数据：申请公司的注册资金、实有资金、总资产、流动资产、总负债、流动负债、未完成工程的年投资额与总投资额、年均完成投资额、最大施工能力、近3年的年度营业额以及为本项目合同工程提供的营运资金、正在开展的工程项目的估价、未来2年的财务预算、银行信贷证明、通过审计部门审计或省/市公证部门公证的财务报表等。

6. 公司人员表

公司人员表需要申请人填写公司的管理人员、技术人员、工人及其他人员的数量，拟为本合同的执行投入的技术人员的数量、技术人员的专业情况以及工作年限，公司主要人员的一般情况，例如姓名、性别、年龄、职务、工作年限、主要工作经历等。

7. 施工机械设备表

施工机械设备表需要申请人填写拟用于本合同执行的机械设备的名称、数量、型号、商标、出厂日期、现值等，并且要说明哪些是自有设备、哪些是需要购置或租用的设备。

8. 分包商表

分包商表需要申请人填写拟分包项目的名称、分包工程价值在总工程造价中的占比、分包人的基本情况（包括名称、经验、财务状况、主要人员、主要设备等）。

9. 业绩表

在业绩表中，申请人需要填写已经完成的同类工程的项目表，具体包括项目名称、所在地点、结构类型、合同价格、竣工日期、工期、业主与监理工程师的联系方式（包括地址、传真、电话等）。

10. 在建项目表

在建项目表需要申请人填写正在施工与准备施工的项目名称、项目所在地点、工程概况、完成日期、合同总价等。

11. 介入诉讼事件表

介入诉讼事件表需要申请人填写曾经介入的诉讼案件或者仲裁案件的具体情况。

表格填写完成后，要由授权人签字并写明日期，如果有需要提交的证明材料，应附在表后一同提交。

三、政府招标实施程序与管理规定

（一）政府招标信息公示

招标文件通常是由招标代理机构编制。在编制招标文件时，招标代理机构需要首先与招投标中心沟通，把开标与评标所需的会议室和具体时间确定下来，再按照规定认真填报《招标活动预安排表》，然后发布招标公告。招标代理机构在发布招标公告时需要向招投标中心提交以下文件资料：

- 项目批准文件。
- 任务通知书复印件。
- 委托代理协议复印件。
- 招标公告纸质文本和电子文本。

其中，委托代理协议由招标代理机构与项目单位（法人）签订，招标公告纸质文本要有招标代理机构负责人签名和盖章。

招标代理机构发布招标公告的主要媒介有两类：一是国家或省政府指定的报纸、新闻媒介等，如《中国日报》、《中国经济导报》、《中国建设报》、中国采购与招标网等；二是省政务大厅网站（也称省招投标信息网）。招标公告必须同时在这两类媒介上进行发布。

招标公告不仅要具备真实、准确和完整的内容，还要符合相关国家法律的要求。招标公告既要在国家指定的媒介发布，也要在省招投标信息网发布，并且所有媒介发布的公告内容必须保持一致。

（二）向投标人发售标书

根据招标公告约定的时间，招标代理机构要准时向投标人发售招标书。一般来说，省政务大厅都设有与招标相关的业务窗口，招标代理机构需要派遣专业人员在业务窗口发售标书、受理投标报名。

投标人需要一定的时间编制投标文件，为保证这一时间的合理性，相关法律规定，政府招标采购的招标项目从标书出售到投标人提交投标文件之间的时间跨度不得少于 20 天，一些特殊项目如高速公路、一级公路、复杂桥梁、特长隧道等从标书发售到投标人提交投标文件之间的时间跨度不得少于

28 天，标书发售的时间至少需要 5 个工作日。

在法律范围内，招标代理机构既不能以任何理由拒绝经销商参加投标报名，也不能拒绝其购买招标文件。同时，在开标之前，招标代理机构不能透露潜在投标人的名称和数量，也不能透露其他与招标投标相关的情况。

（三）开展招标工作流程

在招标之前，招标人或招标代理机构需要自行组织踏勘现场、标前答疑会等活动。

投标人签到、投标文件受理和投标保证金收取等事宜需要在招投标中心指定的地点进行，由招标代理机构组织承办。在收取投标保证金时，如果投标人采用银行汇款方式缴纳，需要向代理机构提交银行汇款凭证及复印件，工作人员核对完毕后将原件退回。

投标人按照投标文件的要求，在约定的时间和地点提交投标文件。投标人将投标文件提交给招标代理机构之后，招标代理机构需要将其密封保存，并禁止任何单位和任何人以任何借口在开标之前开启文件。提交投标文件存在时间限制，如果在规定的截止日期之后提交投标文件，招标代理机构将一律拒收。

（四）开标完整流程规范

招标代理机构要按照招标文件规定的时间开标，开标的地点一般是在政府部门的开标室，招商代理机构不能提前开标，也不能无故延迟开标。

在开标前的 1 个工作日，招标代理机构需要派专业人员到开标室和评标室布置会场，具体工作包括检查评标设施、安装并测试评标软件等。

招标代理机构必须邀请所有投标人代表出席开标会。

开标的具体程序如下：

- 开标会的主持人由招标代理机构担任。开标会要按照法定程序进行，在正式开标时，招标代理机构要首先宣布开标会场纪律，公布评标原则和方法。
- 在唱标前需要对投标文件进行检查，确认其密封情况。检测确认方式有三种：一是由投标人或投标人代表进行检查确认；二是由招标人委托的公证机构进行检查确认；三是在所有投标人赞同的情况下，由行政监督人员进行检查确认。

• 招标代理机构必须当众拆开所有投标文件，然后分别宣读投标人名称、投标价格以及其他主要内容，同时还要认真记录投标过程，存档备份相关文件资料等。

• 在唱标过程中，招标代理机构要在开标会场的投影幕上同步展示投标文件，在实物展台向所有投标人展示投标报价表。

（五）评标活动流程规范

评标活动不得在露天环境中进行。

在评标之前，招标代理机构必须先填写《评标工作人员登记表》，之后要及时将《评标工作人员登记表》送至投招标中心，由相关工作人员将表中信息录入电脑，实现网络备案。这一报送工作需要在评标的前一个工作日内完成。招投标中心的工作人员需要在评标开始前对准备进入评标区的人员进行身份核对，即需要严格按照登记表上的名单确认进入人员身份，防止无关人员进入评标区。从原则上来看，除特殊情况外，在评标过程中，参与评标的招标人代表不能超过 1 人。

在进入评标室之前，所有参与评标的人员都要正确佩戴身份标牌；在进入评标区之前，评标专家和工作人员需要出示有效证件，如果有特殊身份识别手段如指纹识别、面部识别等，也可以按要求通过人工智能识别进入评标区。

除参加评标的人员外，其他人员不得进入评标现场。参加评标的人员包括评标专家、招标人代表、监督人员、招标代理机构和招投标中心现场工作人员。

参加评标的人不能将通信工具带入评标区，在准备进入评标区时，必须将通信工具交出，由专门的工作人员统一保管。

评标工作具体要求：

• 评标开始时，招标代理机构需要按照法定程序宣布评标现场纪律、评标标准和办法、回避事项等。

• 评标由评标委员会全权负责。评标委员会是由招标人依法组建的委员会，主要成员包括招标人代表、相关技术专家、相关经济专家等，成员人数 5 人及以上，且必须是单数。其中，专家人数不得少于成员总数的 2/3。不能作为评标委员会成员的有项目主管部门工作人员、行政监管部门工作人员和招标代理机构工作人员。这些工作人员同样不能作为专家参与评标。

• 评标工作的组织安排由评标委员会负责人负责，评标委员会负责人通过评标委员会成员民主推选产生，不得由招标人代表担任。

• 评标委员会中的专家在为招标人打完分后，需要接受招标代理机构工作人员和行政监督人员对打分情况的核查，如果发现存在违反评标标准和办法规定进行打分的情况，需要及时提请改正。

• 评标委员会成员要正确履行自己的职责，客观、公正地进行评标，不能相互串通，也不能干扰他人。

• 评标委员会成员如果需要向投标人询标，可以现场告知工作人员，由工作人员统一安排进行。投标人答疑需要在专门的答疑室进行，专家在询标过程中需要使用语音变声技术掩盖声音。

• 评标专家需要独立行使自身权力，不能受现场工作人员的语言干扰，同时现场工作人员也不能发表任何引导性意见影响评标。

• 所有参加评标的人不得在评标期间离开评标现场。

• 评标结束后，评标委员会要向招标人提交书面评标报告。招标代理机构的工作人员要在评标现场记录好评标情况，并协助评标委员会整理好评标报告。评标委员会的全体成员和现场监督人员需要在评标报告上签字，之后评标报告才能正式生效。

• 评标需要在当天完成，一般不隔夜评标。

（六）中标结果公示要点

投招标活动在省政务大厅举办完毕后，可以通过两种渠道公示中标结果：一是在省招投标信息网上公示；二是在省政务大厅电子屏幕上公示。

在发布中标结果公示信息时，招标代理机构需要向招投标中心提交以下文件：一是附带招标负责人签名和盖公章的中标结果纸质文本和电子文本；二是相关行政监管部门的核准证明或备案说明。

中标结果的公示内容要做到真实、准确、可靠，必须符合相关的法律规定，不得遗漏法律要求的公示事项。同时，也要严格按照国家和政府的相关规定，确定公示期限，注明中标结果公示的起止日期。

中标结果需要在指定媒介和省招投标信息网上公示，也要在省政务大厅电子屏幕上公示，且所有公示内容必须保持一致。

整个招标过程的关键环节，如标书发售、投标、专家抽取、开标和评标等都要在省政务大厅进行，且需要由相关行政监管部门进行全程监督，要利用声像技术全程监控专家抽取、开标、评标的过程，刻录相关影音资料，并建档保存。

（七）向中标人授予合同

1. 合同授予标准

招标人授予投标人合同的标准是：投标人提供的评标价最低、投标人能响应招标文件的要求、投标人能令人满意地履行合同规定的义务。

2. 授予合同的通知

招标人应该在投标有效期内以书面形式通知中标人，且中标通知函中必须写明合同价格，同时在“联合国发展商业报网站”或“发展门户网站”等权威网站公布招标识别编号、标段编号及如表 4－5 所示信息。

表 4－5　权威网站需公布的信息

序号	具体内容
1	提交了投标书的投标人的名称
2	开标时唱出的投标价
3	经过评审的每个投标人的名称和评标价
4	投标书被拒绝的投标人的名称和被拒绝的理由
5	中标的投标人的名称和中标价格、合同授予的时段和范围

在正式签署合同之前，中标通知书将作为合同的一部分对合同双方发挥约束力。没有中标的投标人可以在合同公布后以书面形式向招标人了解未中标原因，而招标人应及时给予其书面答复。

3. 签订合同

招标人应将招标文件中提供的合同协议书与中标通知书一同寄给中标人。中标人在收到这些文件后，应在 28 天内派出签约代表与招标人签署正式合同。

4. 履约保证

收到中标通知后，中标人需要在 28 天内向招标人提交一份履约保证。中标人提供的履约保证应满足招标文件中的相关格式要求，或者按照招标人提供或同意的其他格式进行书写。

在招标人同意的情况下，中标人可以提交由担保或保险公司开具的履约保证。而如果该担保或保险公司属于国外公司，则该国外公司必须在招标人所在国家拥有对应的金融机构。如果中标人不能按规定提交履约保证，或者不能按要求签署合同，那么招标人不仅有权取消其中标资格，还有权没收其投标保证金，之后可以按照审核评选的顺序与第二位投标人签订合同，或者重新开展招标活动。

四、招标项目的保证金与验收结算

（一）投标保证金 vs 履约保证金

投标保证金与履约保证金是两个截然不同的概念，两者在提交主体、保证金期限、目的、后果等方面都存在区别。

投标保证金指的是投标人在招标活动中向招标人缴纳的投标责任担保金，一般随投标文件一同递交。投标保证金主要保证的内容包括以下几点：一是保证投标人不随意撤销投标文件；二是保证投标人在中标后不以非正当理由拒绝与招标人订立合同；三是保证投标人在签订合同时不向招标人提出额外条件；四是保证投标人按照招标文件要求提交履约保证金。如果投标人违反这些保证的内容，招标人有权拒绝向其返还投标保证金。工程投标保证金与投标保证金具有同样的效力，都有利于维护招标人的权益。

履约保证金是一种督促中标人履行合同的措施，能够防止中标人因不确定因素和风险拒绝履行合同的情况发生，同时也可以用来考察中标人是否有实力完成采购项目。一般来说，大型招标项目、工程招标、政府采购项目、拍卖等项目经常要求投标人缴纳履约保证金。总体来说，履约保证金具有两种作用：一是能保证合同有效执行；二是能防范不确定风险影响合同履行。在招标文件中，招标人一般会规定中标供应商需要提交合同履约保证金，为保证履行合同义务作担保。

投标保证金和履约保证金的区别到底有哪些呢？

从行业角度出发，投标保证金和履约保证金之间的区别主要体现在提交主体、保证金期限、目的、后果四个方面。具体分析如下：

提交主体：投标保证金的提交人是所有投标人；履约保证金的提交人只是中标人。

保证金期限：投标保证金通常在投标时提交，或者按照招标文件规定的期限提交；履约保证金一般在签订正式合同之前提交。投标保证金可以在签订合同时返还，也可以在提供履约保证后的第 28 天返还；履约保证金可以在工程验收合格之日返还，也可以在合同约定时间返还。

目的：提交投标保证金主要有两个目的，一是保证投标人不会撤回投标文件，二是保证投标人在中标后及时签署合同和提交履约保证金。提交履约保证金的目的是保证中标供应商按规定履行合同，确保合同履行的质量和效率。

后果：如果投标人没有提交投标保证金，或者提交的投标保证金存在瑕疵，那么投标将被作废；如果提交了投标保证金，却违反了相关规定，投标保证金就会被没收，例如中标供应商因未按规定提交履约保证金失去订立合同资格时会被没收投标保证金。中标供应商提交了履约保证金却没有按规定履行合同，招标人有权没收履约保证金；如果采购方没有履行合同，就要向中标供应商双倍返还履约保证金。

除了在上述四个方面存在不同外，投标保证金和履约保证金在作用上也存在区别。

概括来说，投标保证金具有四个作用：①对投标人的行为具有约束力；②可以用来弥补招标人的损失；③督促招标人尽快按期定标；④可以反映投标人的资金实力。

履约保证金是约束中标供应商的一种方式，它的主要作用是督促中标供应商按规定完全履行合同，即中标供应商既要保证合同履行的质量和标准符合约定，又要保证在规定的工期内完成合同。

招标人要求中标供应商在履行合同之前提交履约保证金，可以有效控制其在合同履行过程中的折扣和水分问题，同时也可以随时组织合同考核验收工作，一旦发现问题，就能将没收和部分扣除履约保证金作为条件，督促中标供应商在规定日期内进行整改。建立履约保证金制度不仅能督促中标供应商履行合同义务，防止其违约行为，也能为制裁和惩戒违约者提供便利。

（二）两种保证金收取比例的区别

1. 投标保证金的收取比例

投标保证金的提交有两种方式：一是按相对比例金额提交；二是按固定金额提交。其中，按相对比例金额提交是指将投标总价作为计算基数按一定比例提交投标保证金。按固定金额提交是指按招标文件规定以固定金额提交投标保证金。针对不同类型的招标项目，招标投标的相关法律及办法均对投标保证金的最高额度进行了规定，可以防止招标人过高地设置投标保证金额度。

（1）工程建设项目

《工程建设项目施工招标投标办法》和《工程建设项目货物招标投标办法》均规定："投标保证金一般不得超过投标总价的2%，最高不得超过80万元人民币。"

（2）勘察设计项目

《工程建设项目勘察设计招标投标办法》第二十四条规定："招标文件要求投标人提交投标保证金的，保证金数额一般不超过勘察设计费投标报价的2%，最多不超过10万元人民币。"

（3）政府采购项目

《政府采购货物和服务招标投标管理办法》第三十六条规定："招标采购单位规定的投标保证金数额，不得超过采购项目概算的1%。"

2. 履约保证金的收取比例

《政府采购法》第四十九条要求："政府采购合同履行中，采购人需追加与合同标的相同的货物、工程或者服务的，在不改变合同其他条款的前提下，可以与供应商协商签订补充合同，但所有补充合同的采购金额不得超过原合同采购金额的10%。"

（三）缴纳投标保证金的注意事项

1. 投标保证金与履约保证金具有不同的数额

一般来说，履约保证金的数额要远大于投标保证金的数额，主要原因在于：不退还保证金事件通常发生在不同阶段，而这给采购人带来的损失也有所不同。不退还投标保证金的情况通常发生在合同订立或尚未订立阶段，而不退还履约保证金的情况通常发生在合同履行阶段，显然后一种情况给采购人带来的损失要大得多，因此履约保证金的数额自然要比投标保证金高一些。

2. 不能要求供应商同时提交投标保证金与履约保证金

这两种保证金之间具有衔接关系，投标人必须先提交投标保证金，然后在中标后再提交履约保证金。招标人理应在供应商提交履约保证金之后退还投标保证金。

3. 关于实践中投标保证金转为履约保证金的问题

《政府采购法实施条例》规定采购方应在规定期限内向中标供应商和未中标供应商退还投标保证金。那么，将投标保证金转为履约保证金是否具有合法性呢？我们认为，由于中标供应商在提交履约保证金之后才能被退还投标保证金，因此，将投标保证金转为履约保证金并不违背相关法律。

《政府采购法实施条例》第三十三条规定："采购人或者采购代理机构应当自中标通知书发出之日起5个工作日内退还未中标供应商的投标保证金，自政府采购合同签订之日起5个工作日内退还中标供应商的投标保证金。"而中标供应商一般是在政府采购合同签订之前提交履约保证金。将投标保证金转为履约保证金一方面不会损害供应商的利益，另一方面可以极大地简化投标保证金退还和履约保证金提交的手续。然而，自《政府采购法实施条例》实施以来，履约保证金高于投标保证金一直是大概率事件，因此，在投标保证金与履约保证金数额不同时，供应商需要在投标保证金转为履约保证金后补足余下的金额。

4. 在招标文件或采购文件中明确规定保证金数额

虽然《政府采购法实施条例》规定的是按一定比例提交保证金，但采购方在拟定招标文件或采购文件时，最好规定一个明确的保证金数额。也就是说，采购人或采购代理机构应先按照采购项目预算金额或政府采购合同金额相应比例计算保证金数额，然后将其明确体现在招标文件或采购文件中，这样不仅能避免供应商计算的保证金数额与采购人计算的数额存在出入，还有利于保密。

5. 不退还保证金不意味着供应商所负责任已达最高限度

在不退还保证金事件发生时，供应商所要承担的责任不能以不退还保证金为限。例如，中标供应商因拒绝签订政府采购合同给采购人造成重大损失时，其所需承担的责任如果超过了提交的保证金数额，那么采购人除了没收其保证金之外，还有权要求供应商赔偿损失。

（四）政府招标中投标保证金相关案例分析

虽然《政府采购法》等法律法规没有规定政府招标采购必须收取保证金，但为了保证政府招标采购项目能够顺利进行，采购人、采购代理机构可以在采购文件中要求供应商提交保证金。关于保证金的提交时间、退还时间等，政府采购的相关法律法规也都做出了明确规定。下面我们结合一个具体案例对保证金提交与退还等相关事宜进行具体讨论。

1. 案情概述

政府采购单位委托某代理机构采用竞争性谈判的方法采购一批机器设备。出于某些原因，第一次采购活动没有成功，代理机构决定进行第二次采购，所有流程都符合法律规定。于是，代理机构发布了第二次采购公告。在第二次采购开始当天，一共有五家供应商前来参与谈判，并提交了响应文件。但其中一家供应商没有按要求提交保证金，于是，代理机构拒绝了这家供应商提交的响应文件。

其实，这家供应商并非有意不缴纳保证金，而是单方面认为第一次提交的保证金应该会延续到第二次响应。但实际上，在第一次采购活动结束之后，采购代理机构就已经退还了保证金。这家供应商的负责人没有及时查询银行账户，才出现了这样的失误。对于这个事件，这家供应商认为采购代理机构在退还保证金之后应该告知一声，而且在参加其他项目的招标采购时，如果出现多次招标采购，第一次提交的保证金会延续至第二次、第三次。而采购代理机构表示，第一次采购活动结束后就已经将保证金退还，该供应商在参加第二次采购活动时应该按要求再次缴纳保证金。因为没有收到该供应商的保证金，所以按照规定拒收该供应商提交的响应文件。最终，财政部门判定采购代理机构的做法合理，驳回了该供应商的投诉。

另查明，按照谈判文件规定，供应商缴纳保证金的截止时间为项目开启前一天的17：30，逾期缴纳视为无效。财政部门认为这家供应商按时递交响应文件，采购代理机构因为供应商没有提交保证金拒收响应文件的行为不妥，责令采购单位修改谈判文件之后重新开展采购活动。

2. 问题引出

上述采购事件引出了以下四个问题：

第一，政府采购活动是否需要收取保证金?

第二，政府采购相关法律法规对保证金的退还做出了哪些规定?

第三，保证金是否有效应该由谁决定?

第四，保证金缴纳的截止时间是否可以提前?

3. 案例探析

（1）是否需要收取保证金?

政府采购的相关法律法规并没有规定政府采购活动必须收取保证金，所以关于是否收取保证金这个问题，采购人或采购代理机构可以根据采购项目的特性自行决定。如果决定收取保证金，要在采购文件中做出明确说明。近年来，一些地方的政府采购开始取消保证金，这种做法固然有可取之处，但不应该“一刀切”，要根据项目的实际情况来决定。

（2）保证金退还有何规定?

政府采购的法律法规对保证金退还做出了明确规定：除采购文件明确规定的不予退还的情形外，无论成交的供应商，还是未中标的供应商，都要按规定将保证金退还。其中，中标供应商的保证金退还时间为自合同签订之日起 5 个工作日内；未中标供应商的保证金退还时间为自中标通知书发出之日起 5 个工作日内。任何人不得无故占用供应商的保证金，更不能设置不合理的条件拒绝退还保证金。在上述案例中，采购代理机构在第一次采购活动结束后就按规定退还了供应商的保证金，符合相关规定。

（3）保证金是否有效应该由谁决定?

首先，如果采购人或采购代理机构在编制采购文件时明确规定供应商必须缴纳保证金，必须对保证金的金额、中标与未中标供应商保证金的退还时间、不予退还的情形等事项一并做出说明。

其次，如果采购文件明确规定供应商必须提交保证金，那么保证金就属于供应商响应的一部分。如果供应商没有按规定提交保证金，就代表响应无效。

最后，根据上述案件中财务部门做出的处理决定，供应商缴纳的保证金是否有效应该由评审专家根据评审办法与标准做出判定，不应该由采购人或采购代理机构在现场判定，而且拒收响应文件。

（4）保证金缴纳的截止时间是否可以提前?

在上述案件中，保证金缴纳的截止时间设定在项目开启前一天的 17：30，那么保证金缴纳的截止时间是否可以提前？虽然相关法律法规没有对此做出明确规定，但无论采购人或采购代理机构出于何种目的都不能侵害供应商的权利。作为响应的一项重要内容，如果采购人或采购代理机构将保证金缴纳的截止时间提前，给供应商留出的响应时间与决策时间就会减少，这种做法对潜在供应商来说非常不公平。

4. 法律链接

根据财政部令第 87 号第二十条规定：采购活动结束后，采购人或采购代理机构应该退还供应商的保证金，因供应商自身原因导致无法及时退还的除外。除此之外，如果遇到下列情形之一，保证金也可以不予退还：第一，供应商在响应文件提交时间截止后撤回响应文件；第二，供应商在响应文件中提供虚假材料；第三，除了因为不可抗力或谈判文件、询价通知认定的情形外，成交供应商拒绝签订合同；第四，供应商与采购人或采购代理机构恶意串通；第五，采购文件规定的其他情形。

第五章　政府招标评审流程与操作实务

一、评标委员会的组建及评审流程

（一）评标委员会的组建及规则

评标委员会是在政府招标采购活动中依法组建的一种临时性权威机构，由采购人代表和经济、技术等领域的专家组成，主要任务是对招标文件进行评审并给出评审意见，帮助招标采购机构找到最合适的投标人。

1. 组建

评标委员会按照《政府采购法》组建，主要负责对投标人提交的标书进行审核、评定，向招标人推荐中标候选人，或者根据招标人的授权直接确定中标人。评标委员会由招标人负责组建，成员名单会在开标前确定，但在中标结果确定之前不会对外公布。

2. 负责人

评标委员会负责人的产生有两种方式，一种是由招标人指定，另一种是由评标委员会的成员选举产生。评标委员会负责人与其他成员享有同等的表决权。

3. 专家

评标委员会的专家从省级及以上政府部门提供的专家名单或招标代理机构提供的专家库中选拔产生。评标专家的产生可以采用两种方式，一种是由招标人直接指定，另一种是随机抽取。随机抽取适用于一般项目，直接指定适用于技术比较复杂、专业要求比较高或者有特殊要求的项目。

4. 专家条件

①在相关专业领域工作满半年，具有高级职称或者同等专业水平。

②熟悉政府采购招投标的法律法规，参与过政府招投标项目，拥有相关

的实践经验。

③专业素养以及思想道德水平比较高，为人公允、诚实、廉洁、认真。

有以下情形之一的，不得担任评标委员会成员：

• 与投标人或者投标主要负责人存在近亲关系。

• 项目主管部门或者行政监督部门的人员。

• 与投标人存在直接经济利益关系，可能对投标结果的公正性造成不良影响。

• 曾因为在招标、评标以及其他与招投标有关的活动中从事违法活动受到处罚。

如果评标委员会候选成员有上述情况之一，应该主动提出并回避。

评标委员会成员应该具备良好的职业操守，客观、公正地行使权力、履行职责，对评标意见负责。对于下面两种行为，评标委员会成员要坚决抵制：

• 与投标人或者与招标结果有直接利害关系的人私下接触，收受投标人、中介人、其他利益关系人的好处，包括钱财、物品等。

• 向投标人或与招标结果有利害关系的人透露投标文件的评审情况、中标候选人名单及其他情况。

为了保证评标结果客观、公正、权威，评标委员会成员的知识结构必须合理，必须拥有较高的专业水平以及丰富的实践经验。尤其是技术含量较高的项目，技术领域的专家占比必须达到一定水平，而且不能与投标人有利害关系。

（二）评标委员会管理规则

为了保证评标结果公平、公正，必须让评标活动按照法定规则进行。具体规则如下：

评标过程必须在封闭状态下进行，严格保密，以免评标过程受到不必要的干扰；任何单位和个人不得非法干预评标，影响评标结果。

评标委员会应当按照招标文件规定的评标标准与方法对投标文件进行审核，明确评标原则，保证评标结果的公平与公正；对于招标文件中没有明列的标准与方法，评标委员会不得使用，更不能擅自更改招标文件中已经注明的标准与方法，否则很难保证评标的公正性与公平性。

评标委员会成员应当恪尽职守，公平、公正地履行职务，对所提出的评审意见负责，这是保证评标结果公平公正的必要条件。评标委员会成员的工作必须契合招标投标制度的本质要求，体现公平竞争原则，形成强烈的责任感，对自己的工作负责。

评标委员会成员不能与投标人私下接触，不能收受投标人的任何好处。因为评标委员会成员享有重要权力，难免会遭受投标人“糖衣炮弹”的攻击。为了保证评标结果公平公正，他们必须廉洁公正，严禁与任何投标人产生利益联系。

评标委员会成员以及相关工作人员不能向任何人透露评标情况，必须对评标情况保密，以保证评标活动按计划开展，保证评标结果公平公正，同时防止评标人利用手中的权力牟取不正当利益。

上述评标规则是招标投标法的重要内容，只有对评标委员会的成员严格要求，才能保证评标结果客观、全面、公正，保证招标活动圆满完成。

（三）投标书的评审标准与原则

1. 保密

不管是在宣布中标前还是在评标过程中，评标信息和合同授予建议等信息应对无关人员和投标人严格保密。投标人不得对评标施加影响，否则其投标书会被拒绝，失去投标资格。如果投标人在开标至授予合同期间想向招标人提出与招标过程有关的问题，可以通过书面形式进行。

2. 投标书的澄清

招标人在必要时可以要求投标人对其投标书做出澄清，但在澄清过程中，不得对投标书及价格进行修改。招标人对澄清投标书的要求应以书面形式提出，投标人给予招标人的答复也应以书面形式呈现。如果投标人未按招标人的要求澄清投标书，或没有在招标人规定的时间内澄清投标书，招标人有权拒绝接收该投标书。

3. 偏差、保留和遗漏

一般来说，在评标时会用到以下定义：

“偏差”：偏离招标文件规定的要求。

“保留”：设定限制条件或拒绝完全接受招标文件规定的要求。

“遗漏”：未能提交招标文件要求的所有资料或文件。

4. 投标书的响应性

招标人在评标前应先确定投标书是否符合招标文件的相关要求，主要包括以下几点：一是判断投标书是否符合世行合格性标准；二是判断投标书是否按招标文件要求签署；三是判断投标书中是否附带提交投标保函和相关响应性文件；四是判断投标文件有无实质性的偏差、保留或遗漏。

如果投标书有重大偏差、保留或遗漏，那么招标人接收这样的投标书会产生两方面的影响：一是影响采购质量；二是影响其他投标人的公平竞争。

如果招标项目涉及技术，招标人在审查投标书时要严格审查技术方面的内容，尤其要注重对技术建议书的审查，检查其是否满足“工程要求”中所有的要求，确保其不存在任何实质性的偏差、保留或遗漏。

如果投标文件不符合招标文件要求，招标人可以拒绝接受，不允许投标人对其进行修改。

5. 投标文件的修改

如果投标书对招标文件进行了实质性响应，同时对招标文件未构成重大偏离、保留或遗漏，那么招标人可以认为该投标书符合要求。如果投标书存在不符合招标文件要求的地方，招标人可以要求投标人在规定时间内通过提交必要的资料或文件进行更正，但提交的内容不能涉及报价。如果投标人不能在规定时间内更正投标书，或者不能按要求提交资料或文件，招标人可以拒绝接收该投标书。

如果投标书对招标文件做出了实质性响应，招标人可以按照评标和资格标准更改与投标报价有关的非实质性不符合之处，这种更改的目的在于反映遗漏的内容，或者反映不符合项目的价格，不过，这种修改只能用于评标比较。

6. 计算错误的修正

若投标符合招标文件的要求，且具有较强竞争力，那么招标人接下来要对投标报价的计算和累加进行审核或修正，确保其中没有数字错误。审核或修正应遵循的标准如表 5－1 所示。

表 5－1　审核或修正应遵循的标准

序号	遵循的标准
1	如果用文字表示的金额与用数字表示的金额不符，则以文字表示的金额为准
2	如果单价与工程量的乘积与总价不一致，同时这种不一致不是由小数点定位错误所导致，则以单价与工程量的乘积为准；若这种不一致是由价格小数点定位错误所导致，且受到招标人的默认，则以总价为准
3	如果每页小计之和与总价不相等，则以每页小计之和为准

招标人修改后的投标报价应以书面形式向投标人确认，投标人在以书面形式提交确认结果后，投标报价才对其具有约束力。如果投标人不接受招标人对报价错误的更正，招标人有权拒绝该投标书。

7. 折算成单一货币

投标人要按照“招标数据表”中的规定将投标货币折算成统一货币，以方便评标和比较。

8. 优惠差额

“优惠差额”是指在评标时给予投标人的优惠评标差价，只对本国承包商或有本国承包商参加的联营体有效。如果“招标数据表”中没有相关规定，评标时将不考虑优惠差额。

（四）投标书的评审因素与比较

1. 投标书的评审

招标人对投标书的评审应遵循相关评标标准和方法，不得使用其他标准或方法。

在评标过程中，招标人应考虑下列因素：①投标报价。扣除工程量表总计中的暂定金额和不可预见费，但要保留具有竞争性标价的计日工。②根据投标人须知的相关条款，修正计算错误对报价所做的调整。③根据投标人须知的相关条款，按折扣对报价所做的调整。④根据投标人须知的相关条款，将经过调整后的金额换算为统一货币。⑤根据投标人须知的相关条款，对不符合之处的调整。⑥在“评标和资格标准”中标明的评标因素。

招标人在评标时不应考虑今后价格调整对投标报价的影响。

若招标文件允许投标人分标段报价，并且授予其多个标段的合同，那么“评标和资格标准”中应规定最低组合评标价的评标方法，包括“投标书格式”提供的折扣方法。

在评标过程中，如果招标人发现投标书的报价前重后轻，或者出现严重的不平衡，那么招标人可以要求投标人对项目提供详细的价格分析。招标人在审核完价格分析后，可以要求投标人提高履约保函的数额，维护自身利益。

2. 投标书的比较

根据投标人须知的相关条款，招标人应对所有符合招标文件要求的投标书进行比较，然后确定最低评标价的投标书。

投标人在递交了具有最低评标价和实质上响应招标文件要求的投标书后，招标人应确定该投标人是否能满足“评标和资格标准”的要求。当然，这需要基于投标人提交的资格证明文件进行审查。招标人授予投标人合同的前提条件是投标人必须满足“评标和资格标准”的要求。如果投标人不能满足相关要求，招标人将对第二个最低评标价的投标人进行相关审查，以此类推，直到投标人能令其满意地履行合同。

招标人在授予投标人合同之前，有权接受任何投标、拒绝任何投标或者宣布招标程序无效。即使在此过程中投标人受到影响，招标人也无须承担任何责任。

二、招标评审操作标准与实战策略

所谓评标，简单来说就是对所有具有资质的评标文件进行评审和比较，最终确定中标候选人。在评标过程中，评标的标准和方法是需要首先确定的，这既是评标的关键问题，也是评标的原则问题。招标人在编制招标文件时需要列明评标标准和方法，并通过发售招标文件告知各潜在投标人。这样一来，潜在投标人就能根据这些标准和方法合理制定投标策略，提高中标概率。

根据定标采用的排序依据，可以将评标方法分为四类，分别是分值评审法、价格评审法、综合评议法和设备运行年限评标法。其中：

分值评审法是以分值排序，包括综合评分法、性价比法。

价格评审法是以价格排序，包括最低评标价法、最低投标价法等。

综合评议法是按照项目总体优劣排序。

设备运行年限评标法是指在满足招标文件实质性要求的条件下，在最低评标价法的基础上考虑运行年限、运行与维护费用和贴现率。

（一）分值评审法操作方法与策略

1. 综合评分法

综合评分法需要在满足招标文件实质性要求的情况下实行，它需要对招标文件规定的各项因素进行综合评审，然后将最高得分投标人作为中标人或候选人。

综合评分法的适用范围：

政府采购招标：其中，货物项目的价格分值占总分值的比例为 30% ~ 60%；服务项目的价格分值占总分值的比例为 10% ~30%。价格分的计算公式为：

投标报价得分 =（评标基准价/投标报价）×价格权值 ×100

采用低价优先策略。

中央投资项目招标：在此项目中，综合评分法被称为综合评估法，包括折算货币的方法、打分的方法或其他方法。

机电产品国际招标：在此项目中，综合评分法被称为综合评价法，需要经商务部批准才可以使用。

2. 性价比法

性价比法是指评标人按照招标文件的相关规定对投标文件进行评审，去除价格因素后，对每个投标人的技术、信誉、业绩、服务、财务状况、对招标文件的响应程度等评分因素的得分进行计算，然后获得一个总得分，再用总得分除以对应投标人的投标报价，最后将商数（评标总得分）最高的投标人作为中标候选人或者中标人。

（二）价格评审法操作方法与策略

1. 最低投标价法

与其他评标法一样，最低投标价法也需要在满足招标文件实质性要求的情况下执行，是将投标报价最低的投标人评定为中标候选人或中标人的评审方法。最低投标价法适用于以下招标项目：一是具有通用技术和性能标准的项目；二是招标人对技术、性能没有特殊要求的项目。利用最低投标价法评选中标候选人或中标人的条件有两个：一是投标人必须满足招标文件的实质性要求；二是投标人经评审后被确定为投标价最低。

采用最低投标价法时，评标委员会需要先认真研究招标文件的相关规定，然后按照规定的评标价格调整方法对投标人的投标报价、商务部分进行调整。以最低投标价法评选中标人，中标人的标的物应该满足招标文件规定的技术要求和标准，但评标委员会不需要折算投标文件中技术部分的价格。评标委员会在使用最低投标价法完成评审后，需要拟定一份“标价比较表”，然后将此表和书面评标报告一起提交给招标人。“标价比较表”需要具备以下主要内容：一是按照从低到高的顺序列明投标人的投标报价；二是商务偏差的价格调整和说明；三是经评审的最终投标价。

2. 最低评标价法

在采用最低评标价法时，参与投标的供应商应该满足招标文件的实质性要求，评委需要量化投标人的商务因素、技术因素，并将它们折算成相应的价格，然后将这些价格与投标人的报价合并，计算出评标价，最后将评标价最低的投标人作为中标候选人或中标人。

3. 固定低价评标法

使用固定低价评标法评标，投标人的报价必须与招标人发布的合理低价相等，如果投标人的投标文件同时满足招标文件的其他实质性要求，评标委员会就会从这些合格的投标人中随机抽取中标人。如果投标人的报价与招标人发布的合理低价不相等，其投标将会作废标处理。投标人一般要按照招标人的要求以工程合理低价确认函替代单位工程费汇总表等价格表。固定低价评标法是一种特别的评标方法，只有在政府采购的小型工程评标中才会出现。

4. 组合低价评标法

组合低价评标法被称为组合低价标底法，也被称为经抽取系数的低价投标价法，属于一种特殊的评标方法。该方法需要在事先公布的成本预测价的基础上，在开标后，随机抽取相应的系数、权数，计算得出组合低价，然后以组合低价为基准，将组合低价到其上某一点之间的区间作为合理低价区间，在合理低价区间随机抽取投标人作为中标人。

（三）综合评议法操作方法与策略

综合评议法需要在满足招标文件实质性要求的情况下实行，是评审人根据招标文件相关规定对投标文件中的各项评审因素进行定性评议，确定中标候选人或中标人的评审方法。该评审方法具有以下特点：

- 在整个评价过程中，评标委员会以特殊方法同时完成多个指标的评价，而不是按照一定顺序逐个完成指标评价。
- 综合评价时，评标人需要根据指标的重要性对每个指标的评分进行加权处理。
- 评价结果一般是用指数或分值代表参与投标的供应商综合实力的排序，而不是有具体含义的统计指标。

评标的具体步骤是：

- 确定综合评价的基础和依据——综合评价指标体系。
- 收集投标人的数据，并用相同度量的方式对不同的指标数据进行处理。
- 确定各指标的权重，对不同指标进行科学合理的评价。
- 按照指标权重对各项指标进行计算处理，并汇总计算出综合评价指数或综合评价分值。
- 根据综合评价指数或综合评价分值对投标人进行排序，最终确定中标候选人或中标人。

（四）设备运行年限评标法的策略

设备运行年限评标法应在投标人满足招标文件实质性要求的前提下执行，这种评标方法是基于最低评标价法，同时考虑设备运行年限、设备运行与维护费用和贴现率而进行的。

在评审过程中，评标委员会需要先确定设备的评审寿命期，例如将运行年限最短的设备的寿命期作为统一标准，对所有设备的残值进行计算，之后再用投标人的报价减去对应残值，这样设置标准更方便计算。

一般来说，招标文件会规定设备的贴现率，有利于将设备的价格折算成净现值并计入评标价中。例如，投标人甲的设备 A 的运行年限为 5 年，报价为 10000 元，投标人乙的设备 B 的运行年限为 10 年，报价为 20000 元，两种设备的运行、维护费用相同，如果投标文件规定了设备贴现率，那么设备 A 的评标价要低于设备 B 的评标价。

设备运行年限评标法适用于设备采购，包括成套生产线的采购、车辆的采购等，这些采购项目的特点是后期运行与维护费用较高。例如，有些车辆的采购费用与车辆后期的运行维护费用之比能够达到 1∶3，甚至更高。因此，相关采购需要考虑设备的运行维护费用，这就意味着要计算贴现率。

（五）设备类采购常用的评标方法

设备采购评标一般按照评审员对招标人的评分计算分值，主要评标方法有合理低价评标法、平均报价评标法、两阶段低价评标法和 A＋B 值评标法。

1. 合理低价评标法

合理低价评标法可以分为两种：一是综合评审合理低价法；二是设备安

装合理低价法。政府采购采用合理低价评标法时，需要在招标文件中提供包括随机附件、设备安装要求在内的招标项目清单，并且要求投标人的报价不得低于成本。

综合评审合理低价法。采用综合评审合理低价法招标时，投标文件可以分为技术和经济两个部分，其中经济部分的分值占比为60%～80%，技术部分的分值占比为20%～40%，可以根据设备的特点调整具体比例。

经济部分的评标内容包括材料价格、费用总报价、算术错误、设备单项分项价格、安装与运输包装费用、设备部件及随机附件清单等。技术部分的评标内容包括关键技术、质量保证体系与承诺、新技术应用与承诺、安全文明措施、应用业绩及管理经验、工艺及项目实施的重点与难点、设备设计制造的总体设想与阶段划分、交货进度的保证措施及违约承诺、人力与材料投入计划及保证措施、装备投入与检测手段等。

其中，经济评审合理低价法主要用于对标准产品进行评标，评标小组只需要对标准产品进行经济评标，无须进行技术评标。经济评审合理低价法是综合评审合理低价法的部分应用，其评标内容与后者的经济评标内容相同。

设备安装合理低价法。该办法是对设备采购具有安装范围的情况进行评价。该办法需要增加设备安装评审内容，主要包括安装施工方案、安装网络图、安装单价与总价、执行设备安装的技术规范、工序验收与试车验收方案等。作为综合评审合理低价法的补充，设备安装合理低价法不需要设置成本价。

2. 平均报价评标法

采用平均报价评标法进行招标时，招标人或招标代理机构应当在招标文件中编制招标项目工程量清单，投标人应积极响应招标文件的要求，并根据工程量清单进行总价与分项目报价。在评标时，评标办法可以以有标底为样本，对于没有标底的评标，需要以总报价最低的为样本。评标最高分应以接近基准价或最低报价为标准。

3. 两阶段低价评标法

采用两阶段低价评标法招标时，投标文件同样应该分为技术和经济两部分，且投标文件必须密封保存。采用该评标法的招标一般对设备的技术性能要求较高，技术方案要明确、具体，技术参数必须符合招标文件的要求。当投标人的技术评标合格后，或者技术标得分进入前三名后，两阶段低价评标法才能进入第二阶段的经济标评审。在第二阶段经济评审过程中，评标委员会可以要求投标人进行应标单项答辩。如果投标书中的设备总价和单项价格属于最低报价，那么该投标者将作为评选第一名。

4. A + B 值评标法

采用 A + B 值评标法招标需要具备两个前提条件：首先是所有投标单项均通过资格审查，投标单项无论中标与否，都可以被接受；其次，投标单位必须确认招标单位在发标前规定的到货日期。在开标之前，评标委员会需要公布招标参考价；在审评过程中，审评小组需要利用投标浮动系数计算法，先去掉一个最高数和一个最低数，然后再计算平均值。接着，审评小组需要用这一平均值和招标参考价计算投标基准价 A；投标单位的报价需要去掉一个最高数和一个最低数，然后计算出平均标价 B，最后将 A、B 的平均值作为定标标准值。审评小组应该选取最接近且低于定标标准值的两个投标者作为中标候选人，如果不能满足低于定标标准值这一条件，那么需要选取绝对值最接近定标标准值的两个投标人作为中标候选人。

三、货物综合评分法评审因素设置

财政部令第 87 号对综合评分法评审因素的设置进行了规定，即综合评分法的评审因素应与投标人提供货物的质量相挂钩，主要评审因素包括投标报价、技术或者服务水平、履约能力、售后服务等。

评审因素在不同场景下扮演着不同的角色，在采购人描述采购内容和需求时，它们是重要指标；在投标人编制投标文件时，它们是重要参考；在评标委员会进行评审时，它们是重要依据。评审因素的设置与招标、投标、评标各环节的工作紧密相关，能在一定程度上决定政府采购的质量和效益。

目前，一些采购项目对评审因素的选用比较随意，少数评审因素虽然对实现项目质量和效益毫无助益，却也能被纳入到评分标准之中，严重影响政府采购的成效。有些项目的评审标准的选用甚至会直接生搬硬套以往类似项目的标准，标准设定者没有深入了解具体项目，难以将采购需求和项目特点相结合，有针对性地设置评选因素，或者说他们设置的评选因素很难反映采购项目的实际需求。

有些项目采用了过于宏观的评审因素设置，从主观上来说，这会造成评标委员会的自由裁量空间过大，主观倾向性打分过重；从客观角度来看，这种设置在个人素质和专业能力方面对评审专家提出的要求过高，很难达到预期的采购效果。因此，想要提升政府采购的质量和效益，就必须提高评审因素设置的科学性与合理性。

政府相关人员需要根据具体项目的特点，结合具体的工作实际设置评审因素。一般来说，评审因素可以分为三个部分，分别是价格部分、技术部分、商务部分。

（一）价格部分的评审因素设置

关于价格分的计算，财政部令第87号第五十五条做出了明确规定："价格分应当采用低价优先法计算，即满足招标文件要求且投标价格最低的投标报价为评标基准价，其价格分为满分。"投标人的价格分应统一按照下列公式进行计算：

投标报价得分 =（评标基准价/投标报价）×价格权值×100

计算人员既不能去掉报价中的最高报价，也不能去掉最低报价。如果投标人为落实政府采购政策对价格进行了调整，就需要按照调整后的价格计算评标基准价和投标报价。

政府采购货物通常可以分为两类：一是通用型货物，包括办公家具、图书等，这类货物具有充足的市场供应，一般使用基本一致的材料，且技术含量较低。由于这类货物主要比较的是价格因素，所以需要适当提高价格分的权重。二是技术型货物，包括医疗器械中的进口产品、实验室分析仪器等，这类货物的供应商比较少，但技术含量比较高，由于这类货物主要比较的是技术性能这一因素，因此价格权重需要适当降低，但至少要保持30%的比重。另外，也有不将价格作为评选因素的项目，例如遵循国家统一定价标准的项目或采用固定价格采购的项目。

为了防止投标人以极低的报价进行恶意竞争，采购人需要在招标文件中做出以下规定：如果对比通过审查的投标人的报价发现某一投标人的报价明显过低，投标委员会认为其过低的报价可能影响产品质量，或者影响其诚信履约，那么可以要求该投标人在评标现场对报价进行书面说明或提供相关证明材料。如果投标人不能证明其报价的合理性，评标委员会可以将其投标视作无效投标。

（二）技术部分的评审因素设置

技术部分评价的是投标货物的质量和性能，主要评分因素包括投标货物的技术参数符合性、安全性、兼容性、技术先进性、节能环保性等。各项评分因素应当根据采购需求进行设定，同时要比较技术的偏离程度，不得因为特定品牌、供应商具有某些特殊条件而为其加分。评分设置要与采购需求相挂钩，特别是要呼应所要求的关键参数、重要参数和非重要参数，要能充分凸显采购人的采购目标。例如，如果投标货物的参数能满足所有要求，那么投标人可以得到一定的基础分，但要求关键参数不能偏离，否则会被视作无效投标；如果重要参数和非重要参数存在负偏离，每有一项负偏离就扣除一定分数；如果存在实质性正偏离，每有一项正偏离可以给予一定的加分。

在政府采购中，评选人通常不能要求投标人提供货物样品，但存在以下特殊情况的除外：一是不能凭书面方式准确描述采购需求的；二是评选人需要对样品进行主观判断，从而确定其是否满足采购需求的。如果评选时需要投标人提供样品，必须确定样品的评审方法和评审标准。

一般来说，通用性货物采购项目的技术分权重较低，技术性货物采购项目的技术分权重较高。对于性能复杂、技术要求高、价格昂贵的科研设备，通常需要设置较高的技术权重，且技术分权重可以占到50%以上。

想要使采购项目达到预期，采购人一方面要明确采购需求、采购预算、可接受范围，另一方面要了解同类货物的技术差异和市场行情。

（三）商务部分的评审因素设置

商务部分主要评价的是投标人的综合实力和履约能力，具体评价因素包括专业技术资质、体系认证、财务状况、生产设备、商业信誉、业绩等，这些因素可以用来反映投标人的履约和保障能力；同时也包括与服务能力承诺有关的因素，例如质保期限与范围、响应时间、响应方式、服务人员配置与证书、维修、备品备件情况、培训计划等。商务部分评价的权值范围一般为15%～30%。

评审因素的设定要尽量避免主观评价性标准，力求客观准确，特别是要避免将非量化指标作为评分标准，例如“知名”“一线”“同档次”或“好”“较好”“一般”等。对投标人财务状况的评判可以选用资产负债率、资产净收益率等指标，但不能以“好”或“不好”进行描述。

评审因素应量化和细化，不能出现笼统含糊、模棱两可的描述，并且要对应相应的商务条件和采购需求，同时应要求投标人提供准确、完整、规范的证明资料，评审小组只需要进行简单的核对和比较即可。

例如，投标人的业绩评分条件需要截止到销售合同签订时，同时要明确同类项目销售数量的分值折算办法，不得设置不合理条件排斥潜在投标人，不得以特定行政区域或者特定行业的业绩、奖项作为依法招标项目的加分条件，不得将投标人单位的规模条件作为评审因素，例如注册资本、资产总额、营业收入、从业人员、利润、纳税额等。评审因素的量化一般采用以下三种方法：

符合法：这种方法可以用于规定评分因素的具体内容。评审人员只需要判定投标人的投标响应情况是否符合招标文件的要求，然后对符合要求的投标人加分，对不符合要求的投标人不予加分。例如“投标货物通过 ISO9000 或 ISO9001 系列质量管理体系认证得 1 分”。

区间法：这种方法适用的评分因素通常可以量化，但不能进行简单的是非判断，这类评分因素主要包括财务状况、质保期、报修后响应等。评审因素设置人员需要先规定各量化区间的分值，然后对照投标人的投标响应情况进行打分。例如“报修后响应时间在 3 小时内的得 2 分，5 ~8 小时的得 1 分，8 小时以上的不得分”。

排序法：这种方法适用的指标可以对投标人进行具体比较。首先，招标人需要对不同名次的对应分值进行事先确定，然后按照投标响应情况对投标人进行优劣排序，并依次进行打分。例如，投标人应对样品结实度、承重强度、产品厚度等是否达到招标文件的技术参数要求进行展示，并提供清晰明确的证明材料，包括相关文件和图片等。然后根据样品的具体情况进行综合排序，按从高到低的顺序依次对投标商进行打分，分数依次递减 2 分，可以为“10 分、8 分、6 分、4 分、2 分……”。

招标代理机构应通过深入研究政策法规、行业要求、项目特点、采购需求等情况设置审评因素。在这个过程中，相关人员需要不断总结经验和提高自身的能力水平，对不同项目评审因素设置与采购结果之间的关系进行分析，同时要努力结合工作实际，探索评审因素设置的有效方法，进一步提高政府采购的质量和效益。

四、新基建项目的方案评估比较法

（一）新基建采购项目的评审困境

以5G、云计算、物联网、工业互联网等为代表的新型基础设施建设成为当前的热点。与传统基础设施建设项目不同，新基建由创新技术驱动，在发展过程中必然伴随着新技术、新产品的出现与应用，在规划时要计算好未来的扩容升级空间。

因此，对于新基建采购项目，单靠采购方无法提出具体的采购需求，需要请供应商提供设计方案或者解决方案，在其中选择一个最佳方案。另外，因为新基建项目在实行过程中涉及的技术比较复杂，需要对设计方案、解决方案进行实时调整。受这些因素的影响，传统的评审方案很难满足新基建采购项目的需求，需要设计一种全新的评审方法——方案评估比较评审法，来选出最合适的解决方案。

根据《政府采购法》规定，政府采购招标评标方法主要分为两种，一种是最低评标价法，另一种是综合评分法。其中，最低评标价法主要适用于技术、服务等标准统一的货物与服务项目的采购。新基建采购项目因为采购需求不明确，所以不能使用这种评标方法。综合评分法指的是投标文件满足招标文件的所有实质性要求，按照评审因素的量化指标计分，将评审得分最高的供应商确定为中标候选人。使用综合评分法进行评审必须满足两个条件：一是评审因素必须有量化指标；二是评分分值必须与评审因素的量化指标相对应，也就是评分分值必须实现量化。

近几年，因采购人或采购代理机构编制的采购文件无法满足这两个“量化”要求，被财务部门责令终止采购或者废标，重新开展政府采购活动的事件频频发生。对于这种情况，有人认为，有些项目无法提出量化指标，所以不能要求所有项目必须采用量化指标与量化分值评审；有人认为，在某些情况下，可以采用横向比较评审法对供应商响应进行评审。但根据财政部第三批政府采购行政裁决指导性案例27号规定，横向比较评审是违规操作，不能使用。

在使用竞争性谈判与磋商的政府采购项目中，如果项目涉及的技术条件比较复杂，或者项目的性质比较特殊，无法确定详细规格或具体要求，就需要评审专家对供应商提供的方案进行非量化评估，从中选出最优方案。但目前，所有的评审方法都无法满足这一需求。

为了解决这一问题，财政部副部长许宏才曾提出要创建可以满足不同需求的交易制度体系。如果采购货物或服务有清晰的需求，可以采用公开招标的方式进行采购；如果采购货物或服务没有明确的需求，就需要供应商提供解决方案，采用非招标的方式进行采购。新基建采购就属于第二种，为了适应这类项目的特殊需求，有人提出一种全新的评审方法——方案评估比较评审法，下面以该方法在新基建采购项目中的应用为例对该方法的使用进行初步探讨。

（二）方案评估比较评审法的内涵

方案评估比较评审法指的是采购人无法对采购项目提出明确需求，需要供应商根据采购目标自行提出设计方案或解决方案，评审专家按照采购文件预先设定的评审方法对供应商提出的方案进行评估，根据评估结果提出评审意见，对供应商的优先级进行排序，向采购人推荐成交候选人，或者对商务条件、报价等因素进行综合考虑之后推荐成交候选人。

具体来看，方案评估比较评审法有五大特点：

- 这种采购方法仅适用于采购人无法提出明确采购需求的非招标采购项目。
- 需要评审专家依托自身的专业知识和技能对供应商提出的方法进行评估比较，出具比较专业的评估意见。
- 可以采用非量化指标的方式进行评审。
- 评审专家可以对供应商提交的投标文件进行横向比较评审，对投标文件的优先级进行排序。
- 评审专家的产生由采购人在对该领域的专家做出初步了解后推荐，或者专门在政府采购评审专家库中设置一个与新基建有关的子专家库，供采购人随机抽取，而不是直接从现有的评审专家库中随机抽取。

因为新基建项目采用的是非量化指标评审与投标文件横向比较评审，所以评审专家的主观意愿在很大程度上影响着成交候选人的推荐。因此，在选择评审专家时，除专业知识、评审经验外，还要对评审专家的人品、道德、职业素质要求等因素进行综合考虑。

“方案评估比较评审法”与常见的评审方法的区别具体体现在以下几个方面：

与最低评标价法相比。最低评标价法有两个关键因素：一是满足招标文件的所有实质性要求；二是投标价格最低。方案评估比较评审法在这两个关键因素之外又增加了一个新因素，就是方案评估比较结果的优劣，也就是对供应商提出的方案进行重点评估，并对其优先级进行排序。最低评标价法不需要对供应商提交的投标文件进行横向比较，而方案评估比较评审法则需要对供应商提交的投标文件进行横向比较，得出优先级排序。

与综合评分法相比。综合评分法也有两个关键因素：一是满足招标文件的所有实质性要求；二是量化指标评审得分最高。综合评分法严禁对供应商提交的投标文件进行横向比较，而且必须满足两个“量化”要求。方案评估比较评审法则是在无法提出量化指标的前提下，对供应商提出的方案进行横向比较，得出优先级排序。

（三）推荐成交候选人的具体规则

综上所述，方案评估比较评审法与最低评标价法、综合评分法存在本质区别，应该作为一种独立的评审方法。采用方案评估比较评审法推荐成交候选人可以采取以下三种方式：

- 根据方案评审优劣排序推荐成交候选人，供应商无须报价，无须提交商务文件，也就是无须对价格、商务等因素进行评审。
- 供应商需要在提交设计方案或者解决方案的同时提交商务文件。对供应商团队人数、素质、业绩、企业信誉等商业因素进行评审与量化评分，通过折合占比来推荐成交候选人。例如在方案评估比较评审优劣排序中排名第一的占比 90%，排名第二的占比 85%，排名第三的占比 75%；商务因素评审占比 10%。
- 对价格与商务因素进行充分考虑。供应商在提交设计方案或解决方案的同时提交商务文件，同时对设计方案或解决方法进行报价。对报价与商务因素进行量化评分，然后折合占比来推荐成交候选人。例如在方案评估比较评审优劣排序中排名第一的占比 80%，排名第二的占比 75%，排名第三的占比 70%；价格占比 5%；商务因素占比 15%。

方案评估比较评审法推荐成交候选人首先要对方案进行评估比较评审排序，在此基础上按照预先设定的占比分值进行评分，整个过程没有量化指标，但商务评审部分有量化指标。因此，即便方案评估比较评审法涉及价格评分与商务因素量化评分，也与综合评分法存在本质区别。

第六章　政府采购合同操作实务

一、政府采购合同管理实操要点

（一）政府采购合同的条款与内容

政府采购合同是采购人与中标供应商共同达成的“承诺书”，具有较强的法律效力，作为一种书面形式的法律文本，它明确了采购人与中标供应商在合同签署后的权利、义务和责任。

采购人与中标供应商作为当事人，需要共同约定政府采购合同的内容，双方当事人通过协商达成一致意见后，会将双方的权利、义务、责任制成具体的条文，形成政府采购合同中的各项条款。这些合同条款主要包括以下内容：

（1）当事人的名称或者姓名和住所

（2）标的

标的是政府采购合同必须具有的一项条款，它是当事人的权利、义务和责任的指向对象。没有标的，合同便无法成立。标的主要包括有形资产、无形资产、劳务和工作成果。其中，有形资产是具有价值和使用价值的有形物，无形资产是具有价值和使用价值的非实物形态的智力成果，这两种资产都可以在法律允许的范围内流通。劳务是指劳动与服务，它无法通过有形资产体现成本。工作成果是指在当事人履行合同过程中产生的有形物或无形物，可以用来体现履约行为。

（3）数量

数量对有形资产来说是对其单位个数、体积、面积、长度、容积、重量等的计量；对无形资产来说是对其个数、件数、字数、使用范围等的度量；

对劳务来说是劳动量；对工作成果来说是工作量、成果数量。政府采购合同中的数量必须准确无误，计量单位、计量方法和计量工具要统一，并且要被当事人双方共同接受。

（4）质量

质量是指性能、效用、工艺等标准和技术要求，可以通过品种、型号、规格、等级等表现出来。质量对有形资产来说是物理、化学、机构、生物等性质。无形资产、劳务、工作成果也可以表现质量的高低，并且具有衡量质量的特定方法。合同中的无形资产、劳务、工作成果如果有国家规定的质量衡量标准，必须按照国家标准执行；如果没有国家规定的质量衡量标准，则由当事人双方共同约定其适用标准。此外，当事人还可以约定质量检验的方法、质量责任的期限和条件、对质量提出异议的条件与期限等。

（5）价款或者报酬

在政府采购合同中，价款或报酬是指采购人根据中标供应商所付代价向其支付的货币。一般来说，价款是对提供货物等有形资产的当事人支付的货币；报酬是对提供劳务、智力成果、工作成果等无形资产的当事人支付的货币。政府采购合同需要对价格、计算价款或报酬的计算方法做出明确规定。

（6）履行期限

在政府采购合同中，履行期限是指当事人履行交付标的物、支付价款或报酬、实行劳务和完成工作等各项义务的时间界限。

（7）履行地点和方式

履行地点指采购人和中标供应商履行合同义务和接受义务履行的地点；履行方式指采购人和中标供应商履行合同的具体做法。

（8）违约责任

违约责任指采购人和中标供应商不履行或不适当履行政府采购合同，按照法律规定或合同约定应当承担的法律责任。

（9）解决争议的方法

解决争议的方法指解决合同争议的途径。当事人就政府采购合同条款产生争议时，需要有一定的解释和法律适用等。这些用于解决争议的途径包括：一是当事人通过相互协商达成和解；二是邀请第三人调解；三是通过仲裁解决；四是通过法律诉讼解决。

（10）特殊条款和其他条款

在主要条款之外，政府采购合同还有一些未尽事宜和特殊要求，例如对包装、运输、保险、检验条款等的特殊要求，都可以在合同中进行约定。

（二）政府采购合同的订立与履行

1. 政府采购合同的订立

签订政府采购合同后，采购双方就能正式确立经济往来关系，而签订的合同就是双方关系的有效依据。因此，在政府采购项目中，一旦确定了最终的中标供应商，采购人就要在中标通知书发出后的30天内，与中标供应商按照招标文件和投标文件的相关规定订立政府采购书面合同。

政府采购合同的订立一方面要按照《民法典》的规定执行，另一方面要满足五个要求，如表6-1所示。

表6-1　政府采购合同订立需满足的要求

序号	要求
1	订立的合同不得对招标文件和投标文件作实质性修改
2	政府采购合同的订立不得以采购人向中标供应商提出不合理要求为条件
3	采购人和中标供应商不得私下订立违背合同内容的协议
4	要按照法律、行政法规的相关规定办理政府采购合同
5	要按照政府采购管理机构的相关要求办理政府采购合同

2. 政府采购合同的履行

（1）政府采购合同履行的要求

在政府采购过程中，合同履行是关键环节，直接影响着政府采购的成与败。为保证合同高质量履行，当事人双方及相关机构在合同履行过程中需要满足的要求如表6-2所示。

表6-2　政府采购合同履行需满足的要求

序号	要求
1	采购人需要在签订政府采购合同后的第一时间将合同副本报送至政府采购管理机构备案
2	政府采购管理机构要认真审核合同文件，再做备案
3	政府采购合同如需变更，采购人应该及时将变更内容以书面形式报告给政府采购管理机构

续表

序号	要求
4	在特殊情况下，如需取消、中止合同履行或直接终止政府采购合同的，采购人应将取消、中止、终止合同的理由和措施及时以书面形式报告给政府采购管理机构
5	采购人如果发现中标供应商存在违反合同的行为，应当将其违约情况和应对措施以书面形式及时报告给政府采购管理机构
6	政府采购合同履行期间和履行完成后，政府采购管理机构可以随时抽查当事人，并核实采购标准、采购内容等事项

（2）政府采购合同的变更

政府采购合同订立后，在一些特殊情况下，当事人可能会对原合同内容进行修改或补充。在订立政府采购合同时，当事人并不能对所有问题做出明确规定，在履行合同前或履行合同过程中，当事人可能会发现一些新情况，并希望重新调整和规范双方的权利和义务。

在这种情况下，当事人就需要对合同内容进行修改或补充。当事人双方应当通过协商的方式变更政府采购合同内容，可以根据政府采购合同中的约定、承诺和规定，进一步确定是否变更合同内容。如果当事人双方都同意变更合同内容，变更后的内容就会取代原合同的内容，当事人双方要按照新的合同内容履约。

任何当事人都不得擅自改变政府采购合同的内容，否则就是违约，不仅无法用变更后的内容约束对方，还要承担相应的责任。总之，政府采购合同的变更必须在双方当事人同意的情况下进行。

（3）政府采购合同权利义务终止

政府采购合同权利义务终止指的是政府采购合同生效后出现了法定情形和当事人约定的情形，债权人不再享有合同权利，债务人不必再履行合同义务，合同中的债权、债务完全消失。

政府采购合同权利义务终止情形包括：债务按约履行完毕；政府采购合同解除；债务相互抵销；债务人依法将标的物提存；债权人免除债务；债权债务归于一人；法律规定或者当事人约定终止的其他情形。

（三）政府采购项目的验收与结算

1. 政府采购项目验收

政府采购项目验收指的是采购人在政府采购合同执行过程中对合同的阶

段性执行结果进行检测和评估，或者在政府采购合同执行完毕时对合同的最终执行结果进行检验和评估。

（1）政府采购项目验收的依据

政府采购合同不仅是政府采购履约的依据，也是政府采购活动验收的依据。供应商、采购机构或采购人应该根据合同规定全面履行自身的责任与义务。约定分包的工程项目需要按照合同规定的条件、内容、方式进行分包；未约定分包的工程项目，供应商或承包商如果想采取分包方式履行合同，需要与采购人和采购机构协商一致，同时要在分包前 10 天内，将全部分包合同提供给采购机构、采购人。

（2）政府采购项目验收的基本程序

政府采购项目验收可以采取两种方式：一是由符合国家标准的专业质量检测机构验收；二是由采购人、政府采购代理机构与专业机构一起验收，实际的验收工作需要由验收小组来完成，验收小组由采购人、政府采购代理机构、专业质量检测机构派遣的专业人员组成。

采购金额较小的项目，或者具有明确技术参数、规格型号的标配产品也可以采用更为灵活的验收方式。验收小组或专业质量检测机构应在验收完毕后记录清楚验收情况，并在验收证明书、结算证明书等文件上签字。另外，供应商、采购机构或采购人可以根据需要在合同履行过程中核验当事人的履约程度，并依据核验结果进行交付或验收。采购人应该组织专业的验收人员对政府采购合同的履行结果进行验收，验收过程要严格、规范，同时要确认货物、工程或服务是否符合合同要求。

验收人员应当在验收过程中记录验收情况并签署验收意见，验收负责人在验收结束后应当在采购验收书上签署验收小组的验收意见。在给出集中采购项目的验收意见时，验收小组应填制《政府采购项目验收单》，并将文件复印三份，分别交给采购人、供应商和政府采购中心，凭《政府采购项目验收单》让财政部门及时支付价款。

如果验收结果与合同约定不匹配，验收人员需要通知供应商在宽限期内达到合同要求；如果供应商因不能按时履约导致采购机构或采购人遭受损失，应该承担相应的赔偿责任。验收结果不完全符合采购合同约定，例如提高了原货物部分的使用要求和功能、实现了原货物部分的更新换代，但不影响安全，在这种情况下，只要价款不变，采购人依然可以验收接受。如果验收结果不完全符合采购合同约定，但不影响安全，也没有降低货物的使用要求和功能，同时想要改变确实存在困难，在这种情况下，合同双方要协商一致，并经过相关部门审批，才可以减价验收接受。如果一些不重要的部分不符合合同要求，但其他部分可以先行使用并有先使用的必要，那么在通过相关部门审批之后，采购人可以验收先使用的部分，并将部分货款支付给供应商。

（3）政府采购项目验收的时间和方法

验收时间的相关规定：对于货物类项目中的国家标准产品、拥有明确品牌和型号规格的低技术要求的产品，采购机构或采购人需要做到随时随地验收。对于高技术要求的产品、非标产品，采购机构或采购人需要在供应商交货之日起的七日内验收。对于工程类项目中的独立工程项目，如设备安装调试等，采购机构或采购人应在项目完成之日起 15 日内进行验收，并将验收结果以书面形式通知供应商。对于需要与基本建设工程共同验收的配套项目，采购机构或采购人应当按照基本建设工程竣工验收的规定执行。

另外，如果双方当事人在政府采购合同中规定了阶段性验收条款，那么采购机构或采购人应当按照合同约定进行分阶段验收，同时出具阶段验收报告。在有质保金的项目进行最后一次付款时，如果采购人对货物或服务的质量没有异议，政府采购中心将依据采购合同和相关证明资料办理资金结算手续；如果采购人对货物或服务的质量存在异议，需要向政府采购中心出具验收报告才能办理资金结算手续。

政府采购项目验收的方法可以分为两种：一是分散采购的验收，由各采购人按照合同约定负责各自项目的验收；二是集中采购的验收，由采购人按照合同约定自行验收。对于一些需要抽查复验的特殊采购项目，政府采购中心要组织技术专家进行随机复验。

2. 政府采购项目结算

在政府采购项目验收完毕以后，财政部门需要向中标供应商付款结算，项目结算一方面要根据采购人的验收结果办理结算手续；另一方面要按照合同中规定的付款方式和付款金额进行结算。这个由财政部门向中标供应商付款结算的过程就是政府采购项目结算。

政府采购项目结算的基本程序包括以下两步：第一步，中标供应商提出结算申请，采购人同意接受结算履行，并将有关付款结算的所有文件副本报送政府采购管理机构备案，其中主要文件资料包括质量检测机构证明、验收结算书、接受履行报告、质量验收报告等；第二步，政府采购管理机构严格审核结算申请书及相关文件，确认无误后，按照合同约定金额和政府采购进度，通过政府采购资金专户向中标供应商付款。

（四）政府采购合同的监督与管理

政府采购合同是由采购人和中标供应商共同签订的，其中采购人可以是政府部门、政府机构、直接或间接受政府控制的单位、直接或间接受政府控制的企业。采购人为了履行政府职能、实现社会公共利益，会使用财政资金采购货物、服务和工程等，同时会以消费者的身份与中标供应商签订采购合同。

政府采购活动必须在签订合同的基础上开展，政府采购合同要严格按照《民法典》的相关规定进行签订和调整。政府采购是一种具有政策性的公共经济行为，必须体现国家政策，要为政府阶段性战略目标的实现提供帮助，要为国家利益和社会利益服务。政府采购不仅具有政策性，还具有社会责任性，其社会责任性体现在政府采购要向国家和公众负责，其过程和结果要能承担社会责任。

政府采购的这些特点使得其合同与一般的经济合同有很大区别。政府采购合同需要在政府采购管理机构的监督和管理下签订和履行。

政府采购管理机构对政府采购合同的监督和管理主要表现在以下几个方面：

1. 政府采购合同的门槛价

门槛价是竞争性招标中的最低价格，是采购单位在采购达到一定规模后按照相关规定统一招标采购的价格，例如世界贸易组织的《政府采购协议》规定，实行国际招标的门槛价为 13 万特别提款权。

门槛价格的制定会对政府采购效率产生巨大影响。采购单位如果将门槛价定得过高，不仅会降低政府采购效率，还会限制招标采购的作用；将门槛价定得过低，不仅会增加政府采购的成本，还会使招标采购得不偿失。由于经济发展程度不同，我国各地区的财政状况和经济状况也不同，因此，政府采购不宜制定完全一致的门槛价，应该根据地区发展情况制定不同的门槛价，建议根据中央、省、市、县四级采购实体制定四个等级的采购门槛价。

2. 合同估价

在政府采购合同管理中，合同估价也是一个非常重要的问题。部分采购单位并不希望实行招标采购，因为在非招标采购情况下，一些采购单位可以通过分拆合同、将合同金额控制在门槛价格以下来牟取私利。如果能规定一个合同估价，就能防止采购单位逃避招标采购，并能阻止其通过分拆合同和控制价格来牟取私利。目前，许多国家的政府都在采购制度中对合同估价作了具体规定，如欧盟国家、美国等。另外，世界贸易组织的《政府采购协议》也对合同估价的方法进行了详细介绍。

3. 合同的审批

采购单位在确定政府采购合同内容之后，需要及时将采购合同草案上报政府采购管理机构，并由其对合同进行严格审批。在政府采购管理机构审批通过之后，采购单位与中标供应商才能正式签订合同。

《政府采购合同监督暂行办法》第二条规定，政府采购管理机构对采购合同的审查应该从以下几方面着手：一是审查合同是否符合政府采购的有关政策；二是审查合同是否符合政府采购预算的要求；三是审查合同的主要条款是否符合招标文件的主要要求；四是审查合同中是否包括政府采购管理机构对政府采购合同的履行验收提出的特别要求。

另外，政府采购管理机构还需要对如表 6－3 所示合同内容进行审查。

表 6－3　合同内容审查

序号	审查内容
1	政府采购合同的估价是否准确、合理
2	政府采购方式是否正确，采购程序是否公平、公正
3	供应商是否有能力履行政府采购合同

4. 合同履行监管

政府采购机构应该对政府采购合同履行的全过程进行监管。政府采购机构的监管权力如表 6－4 所示。

表 6－4　政府采购机构的监管权力

权力	具体内容
单方面变更合同的权力	政府采购机构有权在公共利益发生变化时变更合同，如果合同变更对中标供应商造成损失，需要对中标供应商进行相应的补偿
终止合同的权力	如果供应商有违约行为，或者公共利益发生变化，政府采购机构有权终止合同
制裁权力	政府采购机构有权对违约供应商采取制裁措施

5. 合同的审计

政府采购是出于公共利益的需要，其使用的资金是财政性资金。为了维护公共利益，相关单位要对政府采购合同进行必要的审计。审计主要分为两种：一是采购审计，主要包括对采购程序和政策进行审查，对财政资金用途进行审核，对采购数量和成本进行审核，对采购中发生的所有财政事项进行审核。二是管理审计，主要包括对供应商的组织结构和资料系统进行审查，对采购部门的履约情况和采购进度进行审查。审计工作要内部审计与外部审计相结合，定期审计与不定期审计相结合。

6. 合同的质量验收

政府采购项目完成后，由第三方机构负责合同的质量验收工作，但不允许政府采购管理机构参加其中。

（五）政府采购合同文件保管原则

采购人与中标供应商签订政府采购合同后，要将合同备份交由专门的政府部门保管。世界贸易组织的《政府采购协议》第 20 条第 4 项规定："每缔约方应确保属本协议范围的与采购过程各方面有关的文件，得保留 3 年。"

由于政府采购合同具有特殊性，因此，许多国家和地区为了更好地管理政府采购合同均制定了专门的政府合同法，例如新加坡的《财务程序法》《政府合同法》，韩国的《国家合同法》，美国的《合同竞争法》等。我国财政部为了管理政府采购合同，专门制定了《政府采购合同监督暂行办法》。该办法严格规定了政府采购合同的审批、变更、中止和验收等事项应该遵循的原则，但仍不完善，具体体现在以下几个方面：

（1）未明确规定合同估价的具体方法

合同估价没有统一的方法容易形成法律漏洞，例如无法阻止部分政府采购机构分割合同、逃避招标采购。

（2）未具体规定政府采购机构变更、中止合同的条件

该办法规定，政府采购机构有变更和中止政府采购合同的权利，但没有明确规定政府采购机构在何种条件下享有这些权利，这会导致政府采购机构的自由裁量权过大。另外，该办法也没有明确规定因合同变更、中止而受损失的供应商是否能获得补偿。

（3）未明确规定验收合同质量的机构

《政府采购合同监督暂行办法》第八条规定："政府采购合同的质量验收由第三方负责。"但是，在这里，该办法并没有表明第三方的身份，也没有说明合同双方能否约定检验机构。国家质量技术监督机关对此提出了明确建议，即由"第三方产品质量检验机构进行验货检验"，该建议值得相关单位考虑。实际上，许多国家已经为政府采购质量检验设立了专门的检验机构，例如韩国的政府采购质量检测实验室、美国的政府采购质量检验中介机构等，这些都值得我国借鉴。

（4）未明确规定制裁违约供应商的办法。

该办法需要明确政府采购机构是否有权不通过法院裁决就直接对违约供应商进行制裁，以及如果不能直接制裁违约供应商，需要采取何种程序来解决纠纷。

相关单位应加强对供应商信息的掌握，为有意向政府采购供应货物或服务的企业提供注册服务，同时要按照国家标准对申请注册的企业进行分析、评估和审查，对通过审查的企业进行归类和归档，为合格供应商制作名录并进行公布。

目前，我国的政府采购供应商评审制度还不够完善，甚至尚未形成有效的评审制度，政府采购管理机构还无法全面掌握供应商信息。政府采购管理机构在审查政府采购合同的过程中无法判断供应商是否具备履行采购合同的能力，使得其监管作用被大大削弱。目前，我国应加快建立并完善供应商评审制度，充分发挥政府采购管理机构的管理职能，为政府采购的顺利完成提供支撑。

政府采购合同与一般的经济合同存在较大区别，因此，相关部门应提炼出政府采购合同的特殊条款，以供合同双方参考。在政府采购合同管理中，促进采购合同规格和条款的标准化是一项重要内容，合同规格和条款标准的

制定关系着采购项目的质量和技术性能，牵涉到国内标准化的推行。

以韩国为例，韩国采购厅设立的“规格制定委员会”由厅长直接管辖，主要负责招标文件和合同文本的规格设计。我国政府采购管理机构也可以借鉴韩国采购厅的这些做法，进一步加强对政府采购合同的管理。

政府采购具有特殊性，这使得政府采购合同具有一般经济合同不具有的特点。政府采购合同必须受到政府采购管理机构的监督和管理。目前，我国在政府采购合同的监督和管理工作上还存在“短板”，想要改善相关工作，就需要从以下几方面着手：①制定《政府采购合同法》，完善采购合同监管制度。②建立供应商评审制度，提高供应商质量。③加快政府采购合同的标准化建设，提高监管效率。

二、政府采购合同中的核心条款

（一）采购合同所有权转移条款

政府采购合同的签订标志着政府采购活动的顺利完成。在签订政府采购中的货物类合同后，供应商应按合同要求，将标的物交给采购人，同时向采购人转让该标的物的所有权。采购人在接受该标的物后，应及时向供应商支付采购金。

政府采购货物合同是一种有偿合同，合同签订后，供应商应向采购人出卖财产所有权，而采购人应向供应商支付价款。供应商和采购人应就合同保持意见统一，两者在财物上的给付必须有前提条件，不能无缘无故给付。

合同双方要互尽义务，并保有各自的权利。无论合同中规定了多少自由权利，都应该符合《民法典》所规定的“买卖合同”的相关条款。在签订政府采购合同时，双方当事人应当审慎考虑合同的相关要素，强化合同的基础。

那么，在签订政府采购合同时，供应商与采购人需要注意哪些条款呢？下面我们以政府采购货物合同为例，首先对所有权转移条款进行分析。

“所有权转移”指的是供应商将政府采购货物转移给采购人。这里的所有权是指采购人对所采购的货物享有占有、使用、收益和处分的权利，当然，这一切都需要在法律允许的范围内进行。所有权具有绝对性和排他性，以货物为客体，是采购人对货物享有支配权的证明。

作为一项基本的民事权利，所有权一方面能表明采购人的工作是否正常开展，另一方面能体现采购人与供应商之间的特定社会关系。因此，政府采购货物合同在订立时应列明货物所有权的让渡和转移条款。

例如，采购人在订立服务器采购合同时需要同时列明服务器以及服务器操作系统等软件的所有权转移条款，因为在没有软件货物支撑的情况下，服务器是不能发挥作用的。如果只列明硬件所有权的转移，不列明软件所有权的转移，就会影响采购人的工作开展。

此外，如果采购人订立的是软件采购合同，就需要考虑以下事实：软件货物会受到技术进步等因素的影响，供应商在转移其所有权后，可以在一定期限内不对其进行升级维护，但过了一定期限后，软件就会无法使用，这时就需要对该软件货物进行升级更新。

因此，供应商应该在质量保证期内按照国家政策规定对软件货物进行免费升级和维护。为督促供应商履行这一义务，采购人通常会采用留置质量保证金的办法。如果软件货物超过质量保证期，需要当事人双方在合同中列明后续维保事宜的相关条款。

（二）采购合同的货物交付条款

政府采购货物合同签订的目的是让供应商按照合同约定向采购人交付货物。我国法律规定，供应商交付货物可以采取两种方式：一是现实交付；二是拟制交付。

现实交付是指实际转移货物的所有权，例如供应商应采购人要求将货物送达指定地点。拟制交付是指以货物提单等代替物转移货物的所有权。供应商和采购人应在订立合同时约定交付期限、交付地点和交付方式，并在货物采购合同中列明相应条款。

货物采购通常有附件相随，因此如果合同中存在“如果该货物有附件应与货物一并交付”这样的条款，这就表明供应商一方面要向采购人交付货物，另一方面要向采购人交付货物以外的附件，附件一般是有关单证和资料，包括商业发票、产品合格证、产品说明书、质量保证书、使用说明书等。

供应商在交付货物时需要保证货物的数量和质量符合合同约定。如果供应商交付的货物超过合同约定，采购人应拒收多交的货物，同时及时通知供应商；如果供应商交付的货物少于合同约定，采购人有权要求供应商继续交足货物，也可以拒绝供应商的交付。

（三）采购合同的风险承担条款

我国法律规定：如果在货物交付过程中发生交通事故致使货物损毁，且供应商是主要责任方，那么供应商应承担相应风险；如果因洪水、火灾等不可抗力致使货物损毁，且供应商和采购人在事故中都没有过失，那么按照《民法典》规定，其造成的损失应以交付为原则，即交付之前，供应商承担全部风险；交付之后，采购人承担全部风险。但如果因船舶、飞机等发生事故致使货物损坏或丢失，则由所有权人承担相应风险。

不同的交付方式可能产生不同的风险，《民法典》规定了相应的风险承担原则：

①采购人亲自提取货物时，从供应商将货物置于约定或法定地点时起，风险由采购人承担。

②供应商已经卖出并交给承运人运输的在途货物，如果当事人没有另行约定，那么从合同成立时开始，采购人应承担货物在途风险。供应商如果在合同成立时知道或者应当知道货物已经毁损、灭失，但没有告知采购人，那么供应商应承担相应风险。

③货物需要运输，但没有约定交付地点，或者约定不够明确，那么从供应商将货物交付给第一承运人起，采购人应承担相应风险。这里的“货物需要运输”的情形指的是供应商负责办理托运，而承运人是独立于买卖合同当事人之外的运输从业者。

④如果采购人接收货物延迟，那么从迟延成立开始，风险由采购人承担。

⑤供应商按照约定没有交付有关货物的单证和资料，那么货物风险的转移不受影响。

⑥如果因为货物质量不符合要求致使合同目的无法实现，采购人拒绝接收货物或者解除合同，那么由供应商承担相应风险。

⑦采购人承担货物风险时，不影响因供应商违约，采购人要求其承担违约责任的权利。

（四）采购合同瑕疵担保责任条款

供应商向采购人交付货物时需要承担两种担保责任：一是对所转移的财产承担权利瑕疵担保责任；二是对所转移的财产承担货物瑕疵担保责任。

1. 货物权利瑕疵的责任担保

对于所交付的货物，供应商应向采购人承诺该货物不受其他人追夺，不存在没有被告知的权利负担。

社会生活中常有“行货”和“水货”的议论。“行货”主要指境外商品，这些商品拥有合法的报关手续和正规的销售渠道，可以在国内市场流通，其购买者能够享受到相关的售后服务及质量保证。“水货”是一种违法商品，一般没有合法的手续和正规的销售渠道，且时常存在偷税漏税等违法行为，购买者难以享受到相关的售后服务和质量保证。一些不良供应商为了追求利益，可能会以“水货”充当“行货”，使得其提供的货物权利存在瑕疵。

因此，采购人在订立政府采购货物合同时要辨识供应商所供货物的正规性，只有正规的产品才能在交付过程中进行所有权转移。有些货物可能已经为他人所有，如人民法院在当事人起诉后，为保障当事人的财产不受损失，或者保障将来的判决能够有效执行，会对当事人的财产采取限制当事人处分的强制措施。这种用作财产保全的货物，其货物权利便存在瑕疵，而这样的货物是不能向采购人交付的。采购人与供应商在订立合同时应对货物权利存在瑕疵的情况做出赔偿规定，使供应商明确由此承担的违约赔偿责任。

2. 货物本身的瑕疵担保

供应商应保证所提供货物符合合同约定的品质，这就是货物瑕疵担保。换言之，供应商要保障向采购人交付货物后，货物的品质或使用价值不会降低。货物瑕疵可以分为两个方面：

表面瑕疵：指采购人在接收货物时用肉眼观察或凭经验判断便能发现的瑕疵，如采购的电脑无法开机、打印机不能打印、智能电视画面粗糙等。

隐蔽瑕疵：指采购人在接收货物时无法通过专门的测试检验发现的货物瑕疵，如合同约定采购的电脑必须是独立显卡，而实际交付的电脑却是集成显卡，这些瑕疵主要存在于货物内部，很难通过肉眼观察或经验判断发现，只有邀请专业人员通过开机测试才能最终确认。

双方当事人应该就这些瑕疵在合同中明确规定无偿更换和修理条款，同时，还要在合同中规定货物的瑕疵标准，其标准应遵循国家质量标准或者行业标准。如果采购货物没有国家质量标准或行业标准，应遵循常规标准或采购要求的特定标准。

3. 因瑕疵而使合同解除

政府采购的双方当事人应在订立合同时写明如表 6－5 所示内容。

表 6-5 合同订立需明确的内容

序号	具体内容
1	如果主要货物存在瑕疵需解除合同，其效力及于从物（附件）
2	如果从物有瑕疵但不及主物使用的，则合同解除效力不及主物
3	如果交付货物中的一物有瑕疵，采购人只能就有瑕疵的部分解除合同
4	如果是分批交付货物的某批货物存在瑕疵，采购人只能就该批货物解除合同，但如果各批交付的货物互有联系，采购人可以就该批以及以后各批货物解除合同
5	对于不存在任何瑕疵的货物，采购人在受领货物后应该依照合同约定的数额、给付期限、地点和方式给付货款

（五）设备类采购合同的审查要点

1. 主体

设备采购合同要注意对销售方的主体资格进行审查，审查内容包括销售方的营业执照、经营许可证照、代理商资格证等，最好让销售方提供营业执照复印件，将其作为合同附件。

2. 标的

对采购产品的型号、版本、数量、单价等要素进行详细描述，将设备的各项参数作为合同附件。

3. 质量和包装

设备采购合同要明确规定设备的质量标准，如果设备质量标准制定的依据是国家标准或者行业标准，要列出具体的文件。设备采购合同严禁使用“产品符合卖方质量标准”之类的表述。设备包装要符合专业标准，满足远距离运输的各项要求，包括防潮、防震、防锈、防粗暴装卸等。另外，设备采购合同要明确规定：因为包装不善引发的损失由卖方承担。

4. 货物运输

设备采购合同要对运费做出明确规定，运费一般由卖方承担，设备运输过程中的风险也由卖方承担。自设备交付之日起，设备的所有权与各项风险一并从卖方转移到买方。有些合同规定“货物的所有权自买方支付全部货款之日起归买方”。买方可以根据自身的实际情况，与卖方协商确定设备所有权转移时间。

5. 产品验收、安装测试

设备采购合同要对设备验收标准、依据清单、数据参数等做出明确规定。设备验收时间一般为 5 ~7 个工作日，合同可以约定为 3 个工作日，并及时对业务部门进行提示。设备验收时买卖双方的代表必须到场签字。如果设备需要安装测试，卖方必须在合同规定的时间内完成，买方可以从旁协助。安装测试完成后，如果需要进行培训，合同还要对培训时间、地点、课时、人数等做出规定。

6. 付款

如果合同金额较大，买卖双方可以协商采用分期付款，付款时间一般为合同签订后、货物验收合格并投入使用后一段时间。如果采用分期付款，在卖方支付第一笔货款之前，卖方应该及时提供发票。如果因为卖方未能及时提供发票导致付款延迟，买方不承担违约责任。

7. 违约责任

设备采购合同要对卖方延迟交付设备、设备存在明显质量问题等违约责任做出明确规定，例如设备交付每延迟一天，就要按照合同价款 1% 的比例支付违约金；如果设备存在严重的质量问题，要按照合同价款的 30% 支付违约金。设备采购合同不能出现“依民法典的规定承担违约责任”之类的模糊描述，因为这种描述的约束力非常小，而且取证困难，索赔难度较大。

8. 维保、技术支持

设备采购合同还要对设备质量保证期、维护期等做出明确规定，其内容要涵盖维保方式、维保范围、维保期限等。维保方式一般包括现场服务、电话服务、远程服务，合同要对服务响应时间做出明确规定。如果要组织现场服务与维修，还要对组织现场维修的时限做出明确规定。另外，对于设备维修产生的差旅费、更换部件产生的费用，合同要明确承担方。

9. 不可抗力条款

设备采购合同中的不可抗力条款要严格按照《民法典》进行规定。一般来讲，不可抗力主要包括战争、火灾、水灾、台风、地震等自然灾害和社会事件，不包括意外事件、供货商原因等。如果卖方任意扩大不可抗力的范围，要及时予以纠正。

10. 知识产权问题

关于设备的知识产权问题，买方要在采购合同中做出明确规定。因为一旦采购的设备发生知识产权纠纷，买方就要承担经济、商誉的双重损失。因此，设备采购合同要对知识产权条款做出明确规定，明确卖方的权利担保责任，一旦出现知识产权纠纷，由卖家承担相应的责任与费用。如果卖方拒绝采取积极的应对措施，那么买方处理问题产生的一切费用由卖方承担，包括律师费、诉讼费以及赔偿费用等。

11. 法律适用和争议解决

如果在合同履行的过程中，买卖双方出现争议，一般选择法院诉讼的方式解决，法院一般选择买方所在地的人民法院。如果卖方比较强势，不接受协商，那么约定在原告或者被告所在地的人民法院提起诉讼。买方可以自由选择是否接受仲裁，如果接受仲裁，要对仲裁地点做出明确规定。

12. 与境外供应商签订采购合同的特殊注意事项

如果要与境外供应商签订采购合同，要对合同中免除我方权力、限制自身责任的条款予以特别关注。

①如果合同条款是英文的，应要求提供中文版本，因为在某些情况下，英文版本与中文版本的合同可能会有所出入。如果出现争议，要以中文版本的合同为准。

②如果合同中约定通知变更价款、赔偿责任限额的，不予以接受。

③如果合同涉及法律问题，要坚持约定适用中国法律，由中国法院与仲裁机构管辖。

三、采购合同的变更与中止履行

（一）判断与界定合同变更的目的

合同变更指的是合同中规定的数量、质量和价款等产生变化，是合同关系的局部改变，在保持原合同基本效力的同时建立新的合同关系。合同变更的类型包括法定变更、裁判变更、以法律行为或其他行为变更。其中，合同的法定变更在《政府采购法》第五十条中有所规定；合同以法律行为或其他行为变更则在《政府采购法》第四十九条中有所规定。这里我们主要讨论以法律行为或其他行为变更合同的情况，这类合同变更又能具体分为两类，分别是依单方行为变更和依双方行为变更。

合同目的这一概念多次出现在《民法典》第五百一十一条、第五百六十三条、第五百八十条、第五百八十七条等条款中，是一个非常重要的概念。合同的缔结是为了达到特定目的，合同中的条款和用语是达到特定目的的手段，因此，想要达到合同目的，一方面要确定合同条款的含义，另一方面也要确定合同变更的合理性。

合同目的主要指合同的典型交易目的，抽象来说是为了实现特定的法律效果，或者实现当事人所期望的经济利益而形成的目的。合同的典型交易目的既不随合同的变化而改变，也不随当事人订立合同动机的改变而改变，它在任意合同中都是相同的。

具体来说，要判断合同目的，就需要综合考虑与合同标的相关的约定和法律规定，如考虑标的在种类、数量、质量等方面的法律规定等。以货物买卖合同为例，采购人和中标供应商的典型交易目的是不同的，前者的典型交易目的是获得标的物所有权，后者的典型交易目的是获得货款。因此，典型合同的交易目的很容易确定，但是非典型性合同的交易目的需要具体情形具体判断。

政府采购合同具有公共性的资金来源和多元化的价值目标，因此，判断其合同目的既需要考虑双方当事人的期望目的，也要考虑预算批复和执行目的、政府采购立法及实施目的等因素。

作为公共预算的执行者，采购人要在申报预算之前对预算的合理性进行前期论证和分析，合理说明项目的实施目标、实施周期、投资额度、采购方式等。在预算成功批复后，采购人要利用有限的预算，严格执行采购和项目建设，不得将预算用于其他项目支出。我国的预算法严格规定了决算审查制度，要求政府采购管理机构对预算重点支出、预算支出政策实施情况、重大投资项目资金的使用及绩效情况进行审查，加强对预算执行的有效监督和管理。

政府采购制度的架构是“预算申报—预算批复—预算执行—决算及考评”，该架构的总体目标是相同的，体现了预算的公共性和严肃性。虽然政府采购合同可以应合同当事人的要求进行变更，但其总体目标是不能改变的，这就意味着政府采购合同的变更是合同内容的局部变更，而不是整个合同的颠覆性变更。

政府采购合同的履行不仅关系着政府采购立法的实现，也关系着《政府采购法》实施目的的实现，例如支持国货、保护环境、促进中小企业发展、提高财政资金使用效益等。我们完全可以将政府采购法实施目的作为判断政府采购合同目的的重要依据。

以某个税务申报系统集成项目为例，在合同履行过程中，双方当事人通过协商决定变更合同中的集成分包供应商，即把原定的三级资质的甲公司变更为一级资质的乙公司，分包项目的价格不变，但需要提前交付。这种变更既符合预算执行的预期目标，又符合双方当事人的典型交易目的。但是，我们不能根据这些内容判断这种变更符合合同缔结的目的，因为这种变更虽然涉及促进中小企业发展这一价值目标，但实际上只是改变了合同中有关分包部分订立和履行的目的。

合同目的的判断非常复杂。要判断合同变更是否改变合同目的需要综合考虑多种因素，例如要考虑合同目的是单方性目的还是双方性目的、合同联立产生的各个子合同的目的、合同的分目的和总目的等。

（二）因合同变更引起的价款变化

任何形式的合同变更都有可能导致合同价款的变化，例如履行地点变更可能会增加或减少运输和保险成本，履行期限变更可能会导致汇率变动等。标的物数量、质量的变更往往更容易导致合同价款的变化。这些合同变更既能体现在合同价款的变化上，也能体现在合同双方权利义务的变化上。在合同变更中，合同价款的变化是重点，其中的关键在于货物单价的确定、货物数量的变化或工作量的计量。

1. 变更的单价确定

（1）基本原则

• 合同附件中可能有报价清单、工程量清单报价表等，这些报价表中有适用于变更部分的单项和子目，合同变更可以采用这些单项、子目的单价。

• 如果报价表没有适用于变更部分的单项和子目，但存在类似的单项和子目，或在双方已签署的其他类似项目合同中有相同或类似的单项和子目，可以在合理范围内参照该单项和子目的单价，由双方商定变更部分的单价。

• 如果这些报价表中没有适用或类似单项和子目的单价，合同双方可以遵循成本加利润的原则协商变更部分的单价。

（2）由法律变化引起的价格调整

在定价基准日之后，如果在合同履行过程中，企业税费、劳动者工资、保险等费用因为法律变化而发生增减，合同双方应该根据法律和相关部门的规定重新商定合同价款。

2. 变更数量或工作量的计量

普通货物买卖合同变更数量的计量非常容易确定，例如可以比较容易地计量服务类、工程类合同变更部分的工作量。

（1）基本原则

计量单位和计算规则需要满足以下条件：一是符合国家法律规定；二是符合有关国家标准；三是符合行业标准；四是符合合同约定。服务行业多采用指导性规则计算工作量，这种计算工作量的规则在设计服务、律师服务、工程服务等实践场景中应用广泛，可以将这种计算方式用于因合同变更造成的工作量增减的计算。

（2）计量的程序和最终确定

合同当事人中任意一方计量完已完成的工作量后，将工作量报表和相关计量资料提交给另一方。另一方需认真审核工作量报表，并确定实际完成的工作量。如果审核方对工作量有异议，双方当事人需要按照合同约定共同对工作量进行复核和抽样复测，最终的工作量需要由双方共同确认。

（3）变更的控制性措施

服务类、工程类合同的变更十分频繁，如果合同双方在履约过程中对任何数量的变更都要启动协商模式，往往会延误履约进度，造成履约成本上升。要解决这一问题，合同双方可以在政府采购合同中约定需启动协商变更程序的工作量基数，当然，这种约定必须坚持风险共担、损益相抵的原则。例如，双方当事人在施工合同中约定，如果单价合同形式中已标价工程量清单中的工程量因非承包人原因发生增减，且单个子目工程量变化幅度不超过15%，仍执行已标价工程量清单中的子目单价。

（三）采购合同变更中的注意事项

所有合同的订立都要以当事人所在的客观环境为基础，包括政治、经济、物价、汇率、市场、社会形势、行政管理措施等。政府采购合同依法有效成立后，合同变更的条件如表6－6所示。

表6－6 合同变更的条件

序号	变更条件
1	合同的基础因不可抗力产生动摇或丧失，如发生不可预见性事件等，需要说明的是，这些客观变化需要发生在合同成立之后至合同履行完之前
2	发生的客观变化无法被当事人预见
3	发生的客观变化不可归责于双方当事人
4	当事人继续履行合同义务会违背诚实信用和公平原则，导致合同不能履行或者合同目的无法实现

1. 合同变更不能规避政府采购的强制性规定

不管用两阶段理论还是混合理论来判断政府采购性质，人们都会认为政府采购的缔约自由要比人的自由受到更加严格的限制。政府采购的强制缔约规则是以严密的采购组织和程序为基础的，这种规则可以规范参与各方的行为，主要表现在采购组织、采购方式、要约与承诺的做出、合同的签署及形式等方面，这些方面同样可以体现政府采购的公共属性。强制缔约规则的落实依赖合同的全面履行，政府采购的强制性规定是无法通过变更合同来突破或避免的，例如变更部分达到政府采购限额的应按规定程序进行采购、原采购没有进口产品许可的情况下设备变更不能采购进口设备、补充合同（协议）仍应采用书面形式并报备等。

2. 合同变更应协商一致，严格限制单方变更

《民法典》规定单方可变更合同，但一旦合同变更给另一方带来损害，需要变更方承担相应的赔偿责任。但是，相关单位必须严格限制政府采购合同的单方变更，一方面有利于规范财政资金的使用，另一方面也有利于保护供应商的合法权利。

单方变更合同既可以是采购人单方变更，也可以是供应商单方变更，但无论哪种变更都可能破坏政府采购的严肃性。同时，单方变更可能会严重影响预算的执行和项目的实施，损害供应商的合法权益。但如果一方发生违约行为，非违约方有权通过合同变更来维护自身权益。例如，在供应商交货延迟时，采购方可以通过变更合同明确表示付款期限相应延后。

3. 合同变更应采取书面形式对相应条款予以全面修订

政府采购合同必须采取书面形式呈现，合同实质性条款应该做出准确说明，这在《政府采购法》中都有规定。无论从形式上还是内容上看，政府采购合同都应该采取“严格主义”。在合同履行的过程中，任何形式的变更包括明示的变更和默示的变更都要在合同中有所体现。

一个完善的合同就像是一个严密的整体，必须保持逻辑清晰和相互联系，合同中的条款“牵一发而动全身”，某一条款的变化必然会导致相应条款的变化，修订一个条款的同时必然要对其对应条款进行修订。合同的变更不能只修改某一部分，而忽略其牵连的其他部分。例如，在修改合同交货期的同时，也要相应修改付款期限、其他批次交货期、验收期限、质保责任起算时间、逾期违约责任承担等多个合同条款。从某种意义上说，合同变更需要对合同整体进行审核修订。

4. 部分合同变更应报政府采购监督管理部门审批或备案

政府采购合同具有特殊性和严肃性，合同变更需要谨慎对待，如应加强政府采购管理部门对政府采购合同变更的监督和指导。我国的合同备案和公告制度不仅要强调规范资金支付和信息公开，还要突出对合同变更的监督。例如，可以通过社会公示、专家审查等方式对大金额或大范围的合同变更进行合理判断和审批，对小金额或小范围的合同变更进行备案，即要有的放矢，将监督管理效果放在第一位。

（四）合同中止履行与抗辩权行使

合同中止履行是指在合同依法成立后，因出现法定情形或约定情形，双方当事人的权利和义务中止履行，等到法定情形或约定情形消失，合同再恢复履行的情况。为什么要设置中止履行的规定呢？这样做的目的有两个：一是为了平衡合同双方当事人的利益；二是为了维护公正、平等的交易原则。在《民法典》中，引起政府采购合同中止履行的事由主要体现为有关抗辩权的行使，这在《政府采购法实施条例》第五十四条有特别规定。

1. 同时履行抗辩权

《民法典》第五百二十五条规定：“当事人互负债务，没有先后履行顺序的，应当同时履行。一方在对方履行之前有权拒绝其履行请求。一方在对方履行债务不符合约定时，有权拒绝其相应的履行请求。”该抗辩权的行使须遵循四项规则：

①如果双方当事人相互承担债务，合同中也没有规定先后履行顺序，则双方当事人要同时履行相应责任和义务。双方当事人同时履行是合同全面和

严格履行的前提条件，如果当事人有特别约定或交易习惯的则另当别论。

②合同双方承担的债务具有相应性。相应性是指双方当事人承担的债务之间具有对价关系。我们首先要通过考虑合同双方之间的约定来判断他们所负债务之间是否具有对价关系。如果当事人双方在合同中明确约定了彼此的债务之间具有对应关系，那么两者的负债就具有对应关系；如果不能从合同中确定这种对应关系，就要考虑当事人的财产权与财产义务在价值上是否相当，如果甲方不履行的义务与乙方拒绝履行的义务之间没有对应关系，则不得行使同时履行抗辩权。

③合同双方所负的债务同时到达清偿期。

④合同双方有能力履行债务但未履行或未适当履行债务。未履行债务包括两种情况：迟延履行和不能履行；未适当履行同样包括两种情况：部分履行和瑕疵履行。

2. 先履行抗辩权

《民法典》第五百二十六条规定："当事人互负债务，有先后履行顺序，应当先履行债务一方未履行的，后履行一方有权拒绝其履行请求。先履行一方履行债务不符合约定的，后履行一方有权拒绝其相应的履行请求。"先履行抗辩权是赋予后履行一方的权力，它是一种延期的抗辩权，一般来说，先履行抗辩权的行使会阻止对方请求权的行使，但不会使对方请求权消灭。

3. 不安抗辩权

不安抗辩权行使是《民法典》第五百二十八条规定的内容。在不同时履行的合同中，先履行合同的一方能证明后履行合同的一方不能或不会在规定期限履行债务，那么先履行合同的一方有权在对方没有履行或提供担保以前暂时中止债务的履行，这就是不安抗辩权的行使。不安抗辩权的行使有严格的条件，如表6－7所示。

表6－7　不安抗辩权行使的条件

序号	条件
1	双方当事人在合同中相互负担债务
2	只在异时履行的合同中发生
3	不安抗辩权是赋予先履行一方的抗辩权
4	先履行的一方能证明对方在规定期限不能或不会做出对等履行

《民法典》第五百二十七条规定了四项情形：一是经营状况严重恶化；二是转移财产、抽逃资金以逃避债务；三是丧失商业信誉；四是有丧失或者可能丧失履行债务能力的其他情形。先履行的一方不能凭空推测或根据臆想来断定对方不能或不会对等履行，必须要有明确的证据证明其不能或不会对等履行。

（五）中止履行合同应注意的问题

《政府采购法实施条例》第五十四条规定："询问或者质疑事项可能影响中标、成交结果的，采购人应当暂停签订合同，已经签订合同的，应当中止履行合同。"这项政府采购合同的特别规定能够极大地保护供应商的合法权益，需要注意的是，这种情况下中止履行合同的必要条件是供应商提出询问或者质疑事项，同时该事项可能影响中标、成交结果。要充分理解这一法律条文，还需注意以下三个问题：

①中标、成交结果在一定程度上受询问或者质疑事项的影响。中标、成交结果包括两方面内容：一是中标、成交供应商的最终确定；二是中标、成交的实质性条件，如价款、支付条件、工期进度、售后服务等。询问或者质疑事项能对中标、成交结果产生怎样程度的影响，这需要根据行为性质、项目情况等内容进行综合判断，而且所有证据和依据既要合法又要充分。另外，在这里，询问或者质疑事项对中标、成交结果产生的影响必须是实质性影响，不包括非实质性影响。

《政府采购法实施条例》第五十四条的规定必须在询问或者质疑事项对中标、成交结果可能产生实质性影响时才能发挥作用。同时，作为合同履行的特殊情况，合同中止履行需要在充分保护供应商合法权益的前提下严格限制。

②如果询问或者质疑事项不成立，或者不能对中标、成交结果产生实质性影响，那么合同应该在采购人或采购代理机构依法答疑后恢复履行。

③如果供应商不满意采购人、采购代理机构给出的答复，或者因为采购人、采购代理机构没有在规定时间内给予答复而提起投诉，那么合同不会因此而中止；只有在政府采购监督管理部门依法书面通知采购人暂停采购活动时，才能中止履行合同。

四、政府采购合同纠纷及法律法规

政府采购过程可以分为采购阶段和合同履行阶段。采购人或采购代理机构会在采购阶段确定中标或成交供应商。在招标期间，一切事宜需要按照法定方式和程序来完成。在确定中标或招标供应商之后，采购人或采购代理机构会根据《民法典》的相关规定与中标供应商签订政府采购合同。合同签订后，采购人和中标供应商要根据合同约定履行各自的义务。《政府采购法》第四十三条规定："政府采购合同适用合同法。采购人和供应商之间的权利和义务，应当按照平等、自愿的原则以合同方式约定。"这种与一般经济合同的共性让一些人对政府采购合同的基本条款产生了错误理解。为进一步加强对政府采购合同的管理，需要明确政府采购合同的基本条款，充分发挥财政部门的监督和管理职能。

目前，相关部门在政府采购合同管理方面还存在一些问题。

（一）采购合同当事人存在的问题

合同当事人是形成合同关系的法律主体，他们基于合同约定，既可以享受一定的权利，又需要承担一定的义务。合同当事人可以是自然人，也可以是法人或者其他组织。而政府采购合同的当事人通常是采购人和中标供应商。

《政府采购法》第十四条规定："政府采购当事人包括采购人、供应商和采购代理机构等。"但是，在实际采购过程中，政府采购合同当事人的确定却存在着一个典型问题，即采购代理机构是否能被看作合同当事人，尤其是集中采购机构是否能被看作合同当事人。

由于人们对这个问题存在着不同的认识，所以做法也不尽相同：有的政府采购将采购代理机构作为合同当事人，并由采购代理机构与采购人一起与供应商签订合同，这时政府采购合同中会存在"双甲方"；有的政府采购只是将采购代理机构作为合同签订的见证方；有的政府采购会让采购代理机构代表采购人与供应商签订合同。

在政府采购合同中，如果采购代理机构与采购人都作为甲方，那么采购代理机构的权利和义务应该如何确定就成为一个关键问题。同时采购代理机构作为合同甲方的一员很难落实其权利和义务，如果因不能履行合同而与供应商发生纠纷，这时诉讼主体的确定也是一个问题。

合同签订的见证通常是由独立的第三方来完成，例如律师见证，见证的目的是证明合同签订的真实性和合法性。采购代理机构是采购的当事人之一，并非独立的第三方，让采购代理机构作为合同的见证方是否合适同样值得思考。即使采购代理机构能作为见证方，其需要承担什么样的权利和义务，也非常难以界定。

《政府采购法》第四十三条还规定："采购人可以委托采购代理机构代表其与供应商签订政府采购合同。由采购代理机构以采购人名义签订合同的，应当提交采购人的授权委托书，作为合同附件。"政府采购代理机构不能以自身名义与供应商签订政府采购合同，但可以接受采购人的委托，以采购人的名义与供应商签订政府采购合同。

在签订合同时，采购代理机构需要将采购人的授权委托书作为合同附件。采购代理机构与供应商签订政府采购合同的前提条件有两个：

第一，采购代理机构必须接受采购人的授权委托。

第二，采购代理机构必须以采购人的名义签订合同。因此，采购代理机构与供应商签订合同需要充足的法律依据，更重要的是采购代理机构所具有的权利和义务很难落实。

（二）合同格式文本与变更的问题

目前，政府采购合同还没有统一的文本，采购人、采购代理机构和供应商使用的合同文本形式各异。调查发现，目前的货物合同文本通常是以世界银行招标文件中的合同文本为基本框架，根据《民法典》修改而成。工程合同文本的制作蓝本是建设部 2004 年发布的《建设工程施工合同（示范文本)》，工程合同文本的条款与该示范文本的条款基本相同，只是在款项支付方式上做了一定修改。

一些采购单位会使用行业主管部门制定的示范文本，如国际招标采购使用商务部发布的合同示范文本，系统集成采购使用信息主管部门发布的《计算机信息系统集成合同示范文本》；也有一些采购单位会使用行业协会制定的示范文本；还有一些采购单位甚至会直接使用供应商提供的合同文本。由此可见，目前政府采购使用的合同本文五花八门且十分混乱，亟待政府采购管理机构进行统一规范。

1. 合同订立时间的拖延问题

《政府采购法》第四十六条规定："采购人与中标、成交供应商应当在中标、成交通知书发出之日起三十日内，按照采购文件确定的事项签订政府采购合同。"通常来说，采购人与中标供应商会在法定时间内签订政府采购合同，但也可能会因为一些特殊情况延迟签约，这些特殊情况包括：①采购人不满意采购结果。②供应商因自身原因不能正常履约。③供应商提出质疑、投诉。

采购部门应区别对待这些延误签约的行为：供应商因自身原因不能正常履约导致合同无法正常签订的，财政部门应没收其投标保证金，再由采购人将第二位候选人确定为中标、成交供应商。

如果供应商提出质疑、投诉，同时财政部门下达了暂停采购的通知，则应延迟合同签订；如果财政部门未发出暂停采购通知，双方当事人应当按照规定程序签订合同。如果采购人没有正当理由拒绝与供应商签订合同，需要按照《政府采购法》的相关规定进行处理。但是，什么是正当理由？采购人存在正当理由，接下来如何重新确定中标、成交供应商？这些问题仍需要再做探讨。

2. 合同的内容存在实质性变更的问题

双方当事人要按照采购文件确定合同事项，再签订合同，不能私自变更合同的实质性内容。特别是参与招标的项目，当事人双方要按照招标文件、投标文件和中标通知确定采购合同的内容，不得背离合同实质性内容而另行订立其他协议。

在实际采购过程中，采购人与供应商有时会不按照采购文件确定合同事项和签订合同，具体的情形通常是采购人与供应商通过相互谈判订立并签订合同，但最终的合同内容与采购文件的要求存在差异。

《招标投标法》规定："在确定中标人前，招标人不得与投标人就投标价格、投标方案等实质性内容进行谈判。"但是，该法律并没有明确招标人与投标人是否能在中标人确定后进行商务谈判，也没有明确哪些内容是实质性条款。而这些没有明确规定的事项往往会使采购人在实际招标过程中无所适从。

（三）擅自变更与解除合同的问题

《政府采购法》第五十条规定："政府采购合同的双方当事人不得擅自变更、中止或者终止合同。"但根据法律规定，政府采购合同可以在以下两种情形下进行变更：第一，采购人在履行合同的过程中，如需追加货物、工程或者服务（与原合同的标的物相同），可以与供应商继续签订补充合同，需要说明的是，补充合同需要在不改变原有合同其他条款的基础上进行签订，而且其采购金额不能超过原合同采购金额的 10%。第二，如果继续履行政府采购合同会对国家利益和社会公共利益造成损害，采购人与供应商必须变更、中止或者终止合同。若一方当事人存在过错，则由其承担赔偿责任；若双方当事人都有过错，则由双方承担各自的责任。

在实践过程中，有些当事人存在擅自变更、解除或终止合同的情况，如擅自变更货物的型号、擅自终止合同的履行、擅自追加的采购金额超过原合同金额的 10% 等。这些情况形成的主要原因在于，当事人错误地认为政府采购合同属于民事合同，都适用《民法典》，可以像民事合同那样通过协商变更、解除或终止合同。《政府采购法》也并未规定擅自变更、解除或终止合同应该承担的法律责任，导致财政部门难以依法对存在上述行为的合同当事人进行处理。

（四）合同验收与备案存在的问题

1. 合同验收环节存在的问题

《政府采购法》第四十一条规定："采购人或者其委托的采购代理机构应当组织对供应商履约的验收。大型或者复杂的政府采购项目，应当邀请国家认可的质量检测机构参加验收工作。验收方成员应当在验收书上签字，并承担相应的法律责任。"

验收主体大致可以分为三类，分别是采购人、采购代理机构和国家认可的质量检测机构。

在实际采购活动中，采购代理机构很少会参与合同的验收，采购单位也基本不会委托法定检测机构参与验收。由于验收环节相对薄弱，很容易就质量问题产生争议，进一步导致采购人难以举证，无法向供应商提起索赔。例如，政府采购代理机构受采购人委托采购一批电脑，结果采购人在使用几个月后发现部分电脑部件并非原厂商生产，采购人寻求售后无果，导致合同纠纷。

2. 关于合同的备案问题

根据《政府采购法》第四十七条规定："政府采购项目的采购合同自签订

之日起七个工作日内，采购人应当将合同副本报同级政府采购监督管理部门和有关部门备案。”目前，受人员和场所限制，许多地方没有建立合同的备案制度，导致以下问题：一是一些单位会将合同作为申请付款的材料报送；二是财政部门无法在合同履行前了解合同内容，难以对合同进行追踪和检查；三是财政部门难以在合同履行过程中监督当事人变更合同的情况。

（五）合同违约责任的界定与处理

在政府采购合同履行过程中，常会出现违约责任这一概念。所谓违约责任，指的是当事人在履行政府采购合同过程中因违反了合同义务所应承担的不利后果。违约责任是一种民事责任，而不是行政责任。政府采购合同必须是有效的才可能产生违约责任。采购人或采购代理机构与供应商签订政府采购合同后，合同即可产生法律效力，并对双方当事人产生法律拘束力，因此，双方当事人需要按照合同约定严格履行自身义务。

根据《民法典》第五百七十八条规定：“当事人一方明确表示或者以自己的行为表明不履行合同义务的，对方可以在履行期限届满前请求其承担违约责任。”政府采购合同的当事人同样包括在内。但是，《政府采购法》并没有对违约责任进行规定，《招标投标法》只对供应商的违约责任进行了规定，却未对采购人或采购代理机构的违约责任进行规定。在实践中，由采购人或采购代理机构承担违约责任的情况极少。而供应商一旦违约，有可能会承担民事责任，也有可能会承担行政责任，还有可能会同时承担民事责任和行政责任。政府采购合同中的违约行为主要包括以下几个方面：一是质量违约；二是价格违约；三是前置期和数量违约；四是服务违约。

当事人在出现采购合同违约行为后需要及时补救，其违约责任的承担方式主要有四种，如表 6－8 所示。

表 6－8　违约责任的四种承担方式

责任承担方式	具体内容
继续履行	当事人没有履行合同义务，或者履行的义务不符合约定，那么守约方有权要求违约方按照约定继续履行合同义务，直到达到合同目的。如果标的物是特定产品，或者标的物具有特种型号，或者标的物必须由中标供应商履行且不能被代替履行，如委托加工特定的半成品、特种型号或规格的元器件等，则多采用继续履行方案

责任承担方式	具体内容
采取补救措施	标的物的品质不符合合同规定、无须继续履行合同等情况需要采取补救措施，直到达到合同目的或守约方满意。例如，供应商交付的产品质量不符合合同约定时，采购人可以根据造成的损失要求供应商承担修理、更换、重造、退货、减少价款或者报酬等违约责任
违约金	合同双方中的任意一方违约时，守约方有权向违约方索取一定数额的货币作为补偿，这种方式兼有惩罚违约行为的作用。违约方承担违约责任后是否继续履行合同或采取补救措施需要由合同双方协商确定。但是，如果违约方延迟向守约方交付违约金，则违约方在支付违约金后还需要履行相关债务
赔偿金	合同双方中的任意一方违约时，违约方需要向守约方支付赔偿金。赔偿金的数额要按照违约方实际对守约方造成的损失裁定。违约方在履行义务或采取补救措施后，守约方仍有其他损失的，违约方应当继续赔偿其损失

以上履行违约责任的方式可以单独使用，也可以混合使用，直到达到合同目的为止，同时需要合同各方达成共识，且以实际操作便捷、有效为宜。

在政府采购活动中，政府采购合同的变更、中止或终止履行极为常见，也经常会因此引发合同当事人之间的纠纷和争议。在政府采购各个环节，政府采购合同是非常关键的一环。政府采购合同的正确履行是加强政府采购监督管理的抓手，不仅能促进政府采购立法目标和意图的实现，也有利于对财政资金使用效益和供应商合法权益的保护。

第七章　政府招标投诉处理操作实务

一、政府招标投诉的处理流程与要点

（一）政府招标质疑投诉的成因

1. 招标文件带有倾向性

招标文件是招标人依法编制的，涵盖了招标项目的技术要求、投标人资格审查标准、投标报价要求、评标标准等内容的文件。如果招标人在编制招标文件时，在技术参数设置、投标资格、评标办法等方面故意倾向某一供应商，将其他潜在供应商排斥在外，有可能招致投诉。

2. 专家评审不够严谨认真

虽然《政府采购评审专家管理办法》对评审专家的任职资格、权利义务、管理使用、违规处罚等事项都做出了明确规定，但在采购评审活动中，因为专家对相关的政策法规了解不充分，法律意识比较薄弱，再加上现行的《政府采购评审专家管理办法》对专家违规行为的处罚力度比较小，震慑作用比较弱，在评标过程中，专家有可能随意给出意见，导致评标结果出现失误，从而招致投诉。

3. 供应商素质参差不齐

为了保证政府采购活动公开透明，防止招标人暗箱操作，供应商在受到不公平对待时，可以根据《政府采购法》依法提出质疑与投诉。但在现实生活中，有个别供应商利用这一权利，捏造事实，既希望借此打击报复中标人，又希望通过这种方式让此次招标活动作废，然后在第二次招标活动中赢得机会。

（二）政府采购投诉处理的原则

为了维护政府采购良好的环境，维护当事人的合法权益，在收到投诉后，相关机构要立即组织人员对投诉进行处理，让有限的财政资金发挥出最大的作用。对于政府采购机构来说，处理投诉意义重大，不仅关系着企业的生存与发展，还关系着地方社会风气的形成以及政府部门服务形象的塑造。具体来看，政府采购投诉处理应该遵循三大原则，具体分析如下：

1. 把企业合理诉求作为投诉处理的第一信号

在现实生活中，虽然有些企业在落选之后，为了维护企业利益会胡乱发起投诉，但这只是个别现象，大多数企业只有在自身利益受到侵害之后才会进行投诉。从近年来相关机构处理的企业投诉情况来看，有1/3的企业在投诉时会提交明确的证据，还有一些投诉受取证手段的限制无法提交明确的证据，但从反映的情况来看，确实隐藏着一些问题。

因此，政府监管部门在收到企业投诉之后，首先，必须正视企业的合理诉求，鼓励企业正常反映问题。工作人员受理企业投诉时要热情，严禁给脸色、使绊子，以免损害企业对当地政府部门的信心，破坏当地的营商环境。其次，必须做出准确的判断，从宏观与微观两个角度对企业投诉的问题进行综合分析。宏观角度指的是从整个采购过程对问题进行把脉，微观角度指的是从具体的问题入手进行对症分析。最后，监管部门在发现问题之后必须果断决策，对于存在问题的项目果断叫停或废标，并在第一时间回应企业的合理诉求，严禁研而不定、判而不决的情况发生。

2. 把规范采购需求作为投诉处理的重点内容

采购文件编制不合理是招致投诉的一个主要原因。从近年来的投诉处理情况来看，在所有的政府招标投诉中，因为采购文件编制不合理、不严谨被投诉的情况大约占到了一半。因此，采购监管部门必须严防这类问题发生，对招标文件进行严格审核，发现隐藏在字里行间的问题。具体来看，政府采购监管部门在审核招标文件时要做到“四看”，如表7-1所示。

表7-1 “四看”的具体内容

“四看”	具体内容
看是否“戴有色眼镜”	监管部门在审查招标文件时要关注供应商资格条件设置是否公平，是否存在厚此薄彼、“戴有色眼镜”搞排他性选择等问题，一旦发现要立即纠正

续表

“四看”	具体内容
看是否“设隐蔽陷阱”	招标文件中设置隐藏陷阱的方法有很多，例如采取关联法设置评分因素，将一个大项中的几个小项的得分条件串联起来，如果有一个小项不合格，整个大项就不能得分，通过这种方式让一些供应商无法参与招标。监管部门在审查招标文件时要仔细分析，一旦发现这类问题要立即废除招标文件
看是否“搞张冠李戴”	有些采购单位为了让自己中意的供应商中标，会“张冠李戴”，选择不合理的采购方式，例如本应该选择公开招标却选择单一来源，本应该选择竞争性谈判却选择竞争性磋商等。监管部门在审查时要注意这一问题，一旦发现要严肃处理
看是否“有避实就虚”	有些采购单位为了让内定的供应商中标，会在招标文件中将不太重要的指标的分值加大，例如货物采购将售后服务的分值设为最大，反而忽略最重要的产品质量、产品价格等。监管部门在审查过程中发现这类问题要立即处理，维护政府采购活动的公平与公正

3. 把供求双方满意作为投诉处理的追求目标

投诉处理最终要让供求双方都感到满意。采购监管部门不仅要维护采购人的利益，让政府采购资金发挥出最大的作用，还要维护供应商的合法权益，让需求与权益实现有机统一。想要做到这一点，监管部门必须灵活运用相关的法律法规，尽量满足供需双方的合法权益，让他们都能在采购活动中享受应有的政策利益，例如维护采购人的主导权，让供应商享受优惠政策等。

政府监管部门要学会换位思考，分别站在采购单位与供应商的角度看待问题，多思考。例如采购需求的设置是否合理？供应商的投诉理由是否充分？只有做好换位思考才能看清楚问题的本质，保证决策公平合理。

政府监管部门要聚焦供需双方的矛盾点，具体问题具体分析。例如，如果供应商投诉招标文件中各项目的分值设置不合理，监管部门可以集中精力解决这一问题，将采购单位与供应商请过来，坐在一起当面协调，让双方面对面沟通，从而达成一致意见，让供应商撤诉。这种点对点解决问题的方式可以达到让供需双方都感到满意的结果。

（三）政府采购投诉处理的流程

1. 投诉登记：投诉收件签收单及相关证据目录

具体包括投诉书，投诉人身份证明材料（包括自然人身份证复印件、法人营业执照复印件、代理人授权委托书），质疑函与答复，所有收件、寄件的时间证据以及相关的证明材料。

2. 投诉管辖审查

首先要对投诉书的隶属范围进行审查。如果投诉书不属于本部门管辖，要以书面的形式，在工作日内告知投诉人向有管辖权的部门提起诉讼。

3. 投诉书审查要点

①投诉人的主体资格是否符合要求？是不是本地政府采购活动的供应商或潜在供应商？

②投诉级次是否正确？是否属于本级政府采购监督管理机构负责的范畴？

③投诉人在投诉之前，是否曾以书面的形式向采购人、采购代理机构提出质疑？如果曾提出质疑，是否所有投诉事项都经过质疑？

④投诉是否发生在投诉有效期内，即投诉是否发生在质疑答复期满后 15 个工作日？

⑤投诉书的格式与内容是否符合规定？

- 投诉书的格式：投诉书的格式要符合规范，投诉人要属于自然人，投诉书要投诉人签字、盖章。如果投诉人是法人或者其他组织，要由法定代表人或主要负责人或授权代表签字并盖章。
- 投诉书的内容：一份完整的投诉书要包含以下内容，包括投诉人与被投诉人的名称、通讯地址、邮编、联系人、联系电话、质疑问题、答复情况、相关的证明材料、投诉事项、投诉请求、事实依据、法律依据、提交日期。如果委托他人代办投诉，还需要提交委托授权书，并注明委托代理的具体权限与委托事项。

⑥是否提交了投诉书副本？副本的数量是否与被投诉的采购人、采购代理机构和与投诉事项相关的供应商的数量相符？

4. 投诉书允许补充、修改的情形

如果投诉书副本数量不足，没有明确的投诉事项或没有提出明确的投诉请求，相关证据不全，投诉书署名有误，没有提交质疑、质疑答复以及相关的证明材料，没有提交事实依据与法律依据，受理人应当以书面形式将问题一次性告知投诉人，要求投诉人及时补充材料；如果逾期没有补充，或者补充后仍不符合规定，则不予受理。

5. 不予受理的情形

- 如果投诉人没有参加此次的政府采购活动，提交的投诉书可以不予受理。

● 被投诉人不是此次政府采购活动的采购人或者采购代理机构，投诉书不予受理。

● 投诉活动跳过质疑环节，所有投诉事项都没有经过质疑，投诉书不予受理。

● 投诉事项超出了有效投诉期，即没有在质疑答复期满后 15 个工作日内发起投诉。

● 投诉方式不正确，即没有以具有法律效力的文书送达的方式进行投诉。

如果财政部门判定投诉无效，决定不予受理，应该以书面的形式通知投诉人，并阐明不予受理的理由。如果投诉事项需要投诉人承担举证责任，而投诉人没有提供相关证据或其他有关材料，应该认定投诉事项不成立；如果投诉受理后，被投诉人没有提交相关证据或材料进行解释说明，就认定其放弃说明权力，需依法承担后果。

6. 采购人或采购代理机构与相关供应商需提供证据目录

采购人或采购代理机构需要提供招标文件、招标公告、中标公告、投诉人提交的质疑函、回复质疑的质疑复函、收件与寄件的时间证据、招标情况说明（是否已经签订了采购合同？合同是否已经开始履行?）、相关证据以及其他材料。除此之外，相关供应商需要提供投标文件，评审委员会需要提供评审材料。

7. 书面审查及暂停采购活动

在处理投诉期间，如有必要，财政部门可以以书面的形式通知被投诉人暂停采购活动，但暂停时间不能超过 15 天。被投诉人收到财政部门的暂停通知后应该立即暂停采购活动，在 15 日暂停期没有结束之前或者没有收到财政部门发送的恢复采购活动的通知之前，不能进行采购活动。

财政部门在受理投诉之后，应当在 30 个工作日内对投诉事项做出处理。在处理过程中，财政部门需要对投诉事项进行检验、检测、鉴定，组织专家进行评审，甚至需要投诉人补充、修正材料，所耗费的时间不计算在投诉处理期限内。财政部门向有关单位、第三方、投诉人发出相关文书或补正通知，从发出通知到收到反馈所耗费的时间不计算在投诉处理期限内。

（四）采购投诉处理的决定要点

财政部门做出投诉处理决定之后，要向投诉人、被投诉人、与投诉处理结果有利害关系的采购人发送投诉处理决定书。

如果投诉人主动撤回投诉，财政部门要向投诉人、被投诉人和与投诉事件利害相关的采购人发送终止投诉处理决定书。

投诉处理决定书必须包含以下内容：投诉人；被投诉人及相关供应商的基本信息，包括姓名或企业名称、通讯地址、法定代表人等；投诉内容以及投诉请求；审查情况；法律依据及处理决定。

投诉人提出的投诉事项可能针对采购文件、采购活动或采购过程，财政部门要对其进行区分，分别做出处理决定。

如果是针对采购文件提出的投诉，财政部门经过审查发现投诉事项属实，应当认定投诉事项成立。如果认定投诉事项不会对采购结果造成影响，可以继续开展采购活动。如果认定投诉事项会对采购结果造成影响，可以按照以下情况进行处理：

- 如果采购活动还没有确定中标供应商或者成交供应商，需责令采购单位重新组织开展采购活动。
- 如果采购活动已经确定中标供应商或者成交供应商，但还没有签订政府采购合同，则认定中标结果或成交结果无效，责令重新组织开展采购活动。
- 如果已经签订政府采购合同，但合同尚未履行，则撤销合同，责令重新开展采购活动。
- 如果政府采购合同已经履行，且给他人造成损失，相关当事人可以依法提起诉讼，责任人依法承担赔偿责任。

如果是针对采购过程提出的诉讼，财政部门经过审查发现投诉事项属实，应当认定投诉事项成立。如果认定投诉事项不会对采购结果造成影响，可以继续开展采购活动。如果认定投诉事项会对采购结果造成影响，可以按照以下情况进行处理：

- 如果没有确定中标供应商或成交供应商，责令重新开展采购活动。
- 如果已经确定中标供应商或成交供应商，但还没有签订政府采购合同，则认定中标结果或成交结果无效。如果合格的供应商数量符合要求，应当要求采购人从合格的供应商中另行确定中标供应商或成交供应商；如果合格的供应商数量不符合要求，应当责令采购人重新开展采购活动，另行选择供应商。
- 如果已经签订政府采购合同，但合同尚未履行，应当撤销合同。如果合格的供应商数量符合要求，可以要求采购人依法从中另行确定中标供应商或者成交供应商；如果合格的供应商数量不符合要求，应当责令采购人重新开展采购活动。

● 如果政府采购合同已经履行，且给他人造成了一定的损失，相关当事人可以依法提起诉讼，由责任人承担赔偿责任。如果投诉人对废标行为提起的诉讼事项成立，财政部门应当认定废标行为无效。

（五）减少质疑投诉的五大策略

根据《政法采购法》的相关规定，政府采购监督管理工作由财政部门负责，收到供应商投诉要及时处理。在处理投诉的过程中，财政部门要组织人员进行调查取证，组织专家对相关问题进行复核论证，不仅耗费大量人力、物力与时间，而且还会迫使正常的采购进程中断，在一定程度上增加采购费用，降低采购效率。因此，采购单位在招标采购的过程中要尽量减少投诉事件发生。具体可以采取以下五大策略：

1. 严把招标文件制定、审核关

因为在所有的招标投诉中，对招标文件的质疑与投诉占比最大，因此采购单位在制定招标文件时必须严把质量关。首先，招标文件的用语必须规范，要使用专业术语，严格按照《政府采购法》的相关要求，字斟句酌，严把文字关，以免供应商在字里行间发现问题进行投诉；其次，采购单位要建立招标文件审核制度，在发布招标文件之前请专人进行审核，发现其中的问题与漏洞；再次，采购单位要特别注意招标文件不能带有倾向性与歧视性，严禁设置不必要的门槛与限制，以免招致供应商投诉；最后，对于技术复杂、专业性要求比较高的采购项目，制定招标文件时要向行业专家征求意见，而被征求过意见的专家不得进入评审团。

2. 加强专家库维护与管理，加强专家素质教育

在政府采购活动中，专家评审也经常受到供应商的质疑。因此，财政部门必须做好专家管理。首先，财政部门要对专家的业务能力进行审核，优胜劣汰，保证专家的专业性；其次，专家选择要遵循避嫌原则，如果专家与招标人或投标人存在利益关系，不能进入评审委员会；再次，专家要随机抽取，而且要尽量在评标当天抽取，以减少人为因素的干预；最后，在评标之前要对专家进行思想教育，防止专家进行倾向性评标，同时还要强化专家的责任意识，降低评标的错误率。

3. 耐心做好质疑答复工作，严防事态升级

根据《政府采购法》的相关规定，如果供应商认为自身权益受到损害，可以向采购人以及采购代理机构提出质疑，如果对答复不满意，可以向同级政府采购监督管理部门进行投诉。通过分析可以发现，质疑是投诉之前的一个缓冲，将事件控制在质疑状态，不要升级为投诉，对于招标单位来说至关重要。

为了做到这一点，首先，招标单位受到质疑之后，要做好接待工作，认真倾听质疑人的问题，接受质疑书并登记签收；其次，面对质疑，招标单位可以援引相关的法律法规、国家政策与质疑人当面沟通，以理服人，尽量取得令双方满意的沟通成果；最后，如果质疑事项成立，招标单位要勇于纠错，切忌含糊其词，激怒对方，让质疑上升为投诉。

4. 制定政府采购代理机构业绩考核管理办法，提升其执行力

很多时候，采购单位会委托第三方代理机构办理政府采购及招投标事宜，这个第三方机构统称为政府采购代理机构。为了约束政府采购代理机构的行为，减少质疑与投诉，必须建立政府采购代理机构考核制度。首先，要健全代理机构内部管理机制，加强内部管理；其次，要建立采购专管员培训制度，邀请采购专员定期参加省级以上的业务培训以及单位组织的业务学习，提高业务水平，保证采购活动规范化、标准化、精细化；最后，将质疑答复作为一项考核指标，让代理机构认真对待质疑。

5. 建立供应商诚信档案，约束供应商不良行为

为了减少供应商的恶意投诉，维护供应商之间的公平竞争环境，采购单位必须建立供应商诚信档案，对供应商的行为进行约束。供应商诚信档案应涵盖以下内容，包括供应商参与政府采购活动的时间、次数、中标项目、金额、履约情况、投诉处理情况、遵纪守法情况等。如果在采购活动中，供应商提供虚拟资料中标、串标，或者拒绝签订采购合同，进行恶意投诉等，工作人员要将这些行为记录下来，并将该供应商列入黑名单，在一段时间内限制其参与投标，通过这种方式维护政府采购秩序，减少恶意投诉事件的发生。

二、如何有效化解政府采购过程中的矛盾

目前，我国就政府集中采购进行了多次政策调整和措施升级。随着政府采购政策措施不断完善和落地，政府采购项目实现了规范化运行。从以往的

经验来看，每一次政府采购政策出台成功与否总是与它们的实践应用密切联系。政府采购不仅需要法律、制度和章程的规范，同时也需要科学、合理、可行性办法的支持。下面我们对如何化解政府采购过程中的矛盾进行具体分析。

（一）提高政府采购人员认识观念

政府采购工作人员的感性认识和理性认识都需要进行观念上的更新，同时也需要对采购过程中的矛盾加强认识。

无论政府采购法律、法规、制度和章程多么完善，都需要具体的人来执行。在实践过程中，政府采购人员不仅要将这些法律、法规、制度和章程执行到位，同时还要进一步完善，显示其权威和尊严。

很多时候，采购过程中的矛盾之所以会形成，根本原因在于采购人员在认识上产生了缺位和越位。不可否认，采购人员在认识上的缺位和越位往往会给采购带来不良影响，甚至造成巨大损失。

政府采购人员的观念必须契合采购发展的需要，否则就可能直接导致矛盾产生，或导致现有矛盾不易化解。

在政府采购过程中，政府采购人员的正确认识和观念上的“不越位”有利于化解矛盾。

政府采购负责人要经常开展思想信念和道德情操教育活动，多与政府采购员工交流沟通，不仅要将他们的认识统一到全心全意为政府采购事业服务的目标上来，还要将他们的观念统一到全心全意为人民服务的宗旨上来。

（二）采购人与供应商的关系处理

要想采购人与供应商相处得和谐、融洽，就需要处理好两者之间的关系，协调好采购过程中的各项工作。

无论在法律规定的范围内，还是在制度约束框架内，采购人与供应商都要履行好自己的职责，既不能“超权”，也不能“好权”，更不能在职责上“越位”。

采购人与供应商要做到职责归位，不能在职责上越位；要做到关系融洽，不能“互谋苟合”。

采购人与供应商之间的关系要和谐，建立工作上的默契，为政府采购事业向前发展提供良好动力。

采购人要鼓励有潜力、有实力的供应商积极参与采购活动，促进供应商之间的充分竞争，保证给予他们公平、平等的待遇。

采购人与供应商之间要讲究信誉，确保兑现彼此的承诺，既不能散布虚假信息，做出欺诈、串通、隐瞒等行为，也不能伪造、变造、隐匿、销毁需要依法保存的文件，更不能规避法律和法规的相关规定损害他人利益。

采购人要消除地区间的封锁，打破行业间的垄断，破除信息间的壁垒，为供应商营造公平竞争的社会环境。采购人与供应商合作，促进采购信息公开化，促进采购过程透明化，彻底消除暗箱操作等违法违规行为。政府采购工作人员要以身作则，从小事做起，多进行沟通交流，相互尊重、相互谦让、相互信任和相互理解；要心胸宽广、海纳百川，共同构建和谐型政府采购进程。

在验收和付款环节，采购人不能“出难题”刁难供应商，也不能“找借口”糊弄供应商，要按照法律、制度和章程办事；创造“文明窗口”“文明岗位”“文明标兵”，争做文明的楷模和带头人；要不断创新工作思路和管理方法，争取获得超一流的业绩。

（三）强化政府采购人的行为准则

采购人要具备良好的职业道德；要诚信待人、公正执法；要对所有供应商一视同仁、不偏不倚；要做到公平做事、无私做人。

在政府采购活动中，采购人或采购代理机构既要具备正确的道德准则，又要具备良好的素质风范，要多与供应商沟通交流，处理好彼此之间的关系。采购人与供应商之间既要保持一定的距离，又要保持一定的热情，同时要自觉履行好各自的职责和义务。

采购人与供应商要正确行使各自的权利，努力做好各自的工作，保护好各自的合法权益。采购人既要努力降低采购成本，又要努力提高采购效益和效率。

采购人要树立正确的人生观和价值观，将采购宗旨牢记于心，努力实现政府的采购需求和采购目标。

采购人与供应商要在采购过程中优化资源配置，使采购达到物超所值、物尽其用的效果，实现共赢。采购人与供应商要基于良好的职业道德正确处理彼此之间的关系，努力实现政府采购利益最大化和最优化。

采购人要热爱政府采购事业，杜绝危害政府采购事业的一切行为，协助建立良好的政府采购规章制度体系，同时要在工作中保持维护社会公共利益和国家利益的公益心，干好职责之内的工作。

采购人与供应商要保持一颗公益心，无私地处理好采购活动中的各种关系，坚决不做有损国家、社会和人民利益的事。供应商要树立良好的信誉和道德，在政府采购中建立自己的竞争优势。

采购人不能将法律和规章制度抛到脑后，不能因外界因素的干扰而改变自己的办事原则。同时，采购人与监管部门要摆脱人情关系网、利益诱惑网等，做到公正做事、清白做人。在遇到关系和权力困扰时，采购人与监管部门要懂得委婉拒绝他人的请求，利用自己的“智谋”维护公共利益和国家利益。

采购人在日常工作中要向高标准看齐，要用高标准和严格要求约束自己的行为。采购人既要用采购法中应履行的责任来规范自己的言行，也要用采购法中应履行的义务来约束自己的行为。采购人与供应商既要处理好彼此之间的关系，也要处理好个人利益与社会公共利益之间的关系；要弘扬一心为公的爱岗敬业精神，遵守道德行为规范，共同促进采购事业蓬勃发展。

（四）强化采购人的工作流程规范

在采购过程中，采购人需要及时掌握产品、服务和工程的第一手资料，时刻了解市场动向和价格行情，为政府采购活动更好地开展奠定基础。

在采购任务完成后，采购人与供应商要处理好服务与被服务之间的关系，利用好有限的资金，及时找到服务或采购中的不足，在取长补短的同时不断总结经验教训，力求实现更周到的服务和更完美的目标。

采购人要以采购方式、采购程序、政策取向、限额标准管理体制、集中采购目录、采购适用招投标、合同履约和验收把关等为抓手，大幅降低采购成本，努力维护好供应商和其他当事人的合法权益。

采购人要严格规范等标期限，杜绝采购程序不合规和采购方式不合法的现象；要以合同的必备条款、备案情况、分包履行情况等为抓手，清扫备案中条款执行不到位、分包履行手续不齐全、各方责任分不清等现象，努力达成政府采购法律、规则、宗旨和目标等的期望。

面对供应商的投诉和质疑，采购人要正确、及时地给予响应和答复，尽量使供应商满意。采购人不仅要正确对待供应商的投诉，给予及时的补救和处理，甚至还要为供应商提供合法、有效的维权通道。

采购人不仅要积极配合监督部门对政府采购活动的审查，还要虚心接受社会的监督，欢迎群众的检举和揭发。采购人要及时受理和处理投诉，并在规定时间内将处理结果告知各当事人，同时为检举人和揭发人做好保密工作。

采购人与供应商要利用政府采购的政策优势，灵活运用国际贸易规则，用优势弥补劣势，将弱势转变为强势。

采购人与供应商要不断增强自我保护意识，合理利用采购法和有关规章制度维护自身权益；同时也要与采购活动中的各个供应商一起探索国际采购规则，共同研究国际惯例和国际采购良好做法，努力取长补短，实现政府采购的最优化。

采购人要努力调动供应商或生产制造企业等参与政府采购活动的积极性，鼓励和支持他们通过节能环保方法和自主创新手段生产制造采购货物。采购人还要经常与集中采购机构、采购代理机构、社会中介机构等进行交流沟通，通过座谈会、分析会、研讨会、磋商会等形式提高各方抵御国内外风险和驾驭国内外市场的能力，促进彼此间的合作，达成共识，实现多方共赢。

在法律、制度、章程等的规范和约束下，采购人、供应商、参加政府采购活动的其他当事人、涉足政府采购领域的相关人员既要创建融洽的关系，又要实现多方共赢。

三、健全政府采购监管机制的思考

（一）政府采购监管机制法律规定

监督部门应制定科学、合理、规范的监督管理机制，这样才能保障政府采购制度的高效运行。2018 年 6 月 28 日，国务院召开全国深化“放管服”改革、转变政府职能电视电话会议，李克强总理在会中提出：“加快推进政府职能深刻转变，最大限度减少政府对市场资源的直接配置，最大限度减少政府对市场活动的直接干预，放活微观主体，创新和完善事中事后监管，提高政府效能。”

要实现“放管服”改革，政府部门就要进一步简政放权，同时不断完善监管体制。然而，在政府采购领域，目前的监督管理机制主要是事前监督，不够重视事中和事后监管，这有违“放管服”改革的思路，自然也无法保障政府采购制度的优化和发展。在“放管服”改革背景下，政府采购监管部门要对政府采购实施全过程监管。为了适应这一需要，政府采购监督管理应及时转变思路。

目前，我国已经基本完成了政府采购监管机制建设，并形成了相应的法律体系，该法律体系以《政府采购法》为主，以《政府采购法实施条例》为辅，以《政府采购货物和服务招标和投标管理办法》《政府采购非招标采购方式管理办法》《政府采购质疑投诉办法》《政府采购信息公告管理办法》等为补充。

《政府采购法》第十三条规定：“各级人民政府财政部门是负责政府采购监督管理的部门，依法履行对政府采购活动的监督管理职责；各级人民政府其他有关部门依法履行与政府采购活动有关的监督管理职责。”《政府采购法》将财政部门作为政府采购监督管理部门，并赋予其监管职责，同时对具体的职责进行了规定。《政府采购法实施条例》第十三条规定，“采购代理机构应当建立完善的政府采购内部监督管理制度，具备开展采购业务所需的评审条件和设施”；第六十三条规定，“各级人民政府财政部门和其他有关部门应当加强对参加政府采购活动的供应商、采购代理机构、评审专家的监督管理，对其不良行为予以记录，并纳入统一的信用信息平台”；第六十五条规定，“审计机关、监察机关以及其他有关部门依法对政府采购活动实施监督，发现采购当事人有违法行为的，应当及时通报财政部门”。由此可见，《政府采购法实施条例》进一步扩大了政府采购监管范围，既强化了采购代理机构的内部监督，也强化了审计机关、监察机关以及其他有关部门的外部监督。

《政府采购货物和服务招标投标管理办法》第六条规定，“采购人应当按照行政事业单位内部控制规范要求，建立健全本单位政府采购内部控制制度，在编制政府采购预算和实施计划、确定采购需求、组织采购活动、履约验收、答复询问质疑、配合投诉处理及监督检查等重点环节加强内部控制管理”；第八十二条规定，“财政部门应当依法履行政府采购监督管理职责”。这两条规定主要强调了采购单位的内控机制建设和财政部门的政府采购监督管理职责。《政府采购非招标采购方式管理办法》第四条规定：“达到公开招标数额标准的货物、服务采购项目，拟采用非招标采购方式的，采购人应当在采购活动开始前，报经主管预算单位同意后，向设区的市、自治州以上人民政府财政部门申请批准。”这一办法明确规定了招标数额标准以上项目在采用非招标采购方式时需要报主管单位进行事前审批。

《政府采购质疑和投诉办法》第三十五条规定：“财政部门应当建立投诉处理档案管理制度，并配合有关部门依法进行的监督检查。”这一规定强调，财政部门要建立投诉处理档案管理制度，同时注意在监督方面与其他部门的协调配合。《政府采购信息公告管理办法》第五条规定，“县级以上各级财政部门负责对政府采购信息公告活动进行监督、检查和管理”，而省级以上财政部门需要履行以下职责：一是确定应当公告的政府采购信息的范围和内容；二是指定并监督检查公告政府采购信息的媒体。这一规定强调了各级财政部门监督和管理政府采购信息公告的相关职能。

总体来看，我国政府采购监管机制已经基本建成，包括相关当事人内控机制、财政部门内部监管、审计等部门的外部监督。该监管机制根据所处阶段的不同，可以分为事前、事中和事后监管，并规定了政府采购预算确定、采购方式运用、信息公告等多项内容。

（二）完善政府采购相关法律体系

随着“放管服”改革持续、深入地推进，其对政府采购监督管理体制的要求也越来越高。政府采购一方面要不断完善法律体系，另一方面要减少政府干预、放权于市场、放权于采购人，不仅要注重“全过程”监管体系建设，同时也要强调对重点环节的监督，避免产生寻租腐败现象。目前，我国政府采购监督管理机制仍有提升空间。

随着“放管服”改革进入关键期，政府要加大简政放权的力度，进一步减少干预，同时确保政府采购活动有序开展，建立更为完善的法律法规体系，明确各参与主体的监督职责。

梳理政府采购的法律法规可以发现以下问题：我国目前的政府采购法律体系虽然规定了监督管理职责，但不够明确和细化，更无法满足“放管服”改革的要求。

首先，现行的监管法律体系对采购主体的监督责任不够明确，监督工作由财政部门独自承担，监督管理的“缺位”现象时有发生，难以构成闭合的监督管理链条。

其次，政府采购监管法律体系没有对“全过程”监督管理链条进行细化，没有明确规定预算编制、预算执行、签订和履行合同、质疑投诉处理等各个过程的监管内容，无法充分保障所有监督管理活动依法、有序进行。

我国是一个法治国家，对立法非常重视。政府管理工作的顺利开展依赖于完善的法律法规体系。但是，目前我国的政府采购监督管理法律体系并不能与“放管服”改革完美衔接，相关规定的滞后性比较明显，赋予监督管理单位的职责不够明确，这使得各方主体在政府采购活动中缺乏监督责任意识，无法形成闭环监督管理链条，也无法有效开展监督管理工作。

因此，政府立法部门首先应明确政府采购活动中各参与主体的具体职责，并通过相关立法将对他们责任的规定体现出来，同时也要随着“放管服”改革的推进，根据实际发展情况，随时修订和调整相关法律法规。政府立法部门还要进一步细化政府采购流程中各个环节的监管责任，明确设置一定的惩罚措施和奖励措施，以督促和激励各主体履行监管责任。另外，政府立法部门应按照法律层级逐步完善政府采购监督管理法律体系。

中央政府应起到统一领导作用，结合现实情况，根据全国政府采购监督管理机制的特点、“放管服”改革的要求，明确各参与主体的具体职责。

各地方政府要基于中央立法框架，结合自身采购特点，制定合适的政府采购监管规章制度体系。

各地方政府的采购监管规章制度要与中央法律相辅相成，既要强化也要细化各参与主体的责任。随着“放管服”改革深入推进，这些采购监管规章制度可以为政府采购监督管理职能奠定法律基础。

（三）事前监管的问题与对策建议

政府采购事前监管发生在政府采购活动开始之前，主要是对采购预算、采购计划、采购方式、采购代理机构的选择等进行审批管理。目前，我国对政府采购预算的监管相对乏力，政府采购事前审批存在着事项过多的问题，这一定程度上有违“放管服”改革对“放”的要求。

1. 政府采购事前监管存在的问题

（1）预算编制不合理

从本质上看，预算编制不合理是源自采购需求确定的不合理。政府采购活动开展的第一步就是明确采购需求，而明确采购需求的关键环节在于合理编制政府采购预算。政府采购预算既要保持完整性，又要保持严肃性，其编制的目的是实现“物有所值”。但是，一些政府部门没有意识到合理编制政府预算的重要性，部分政府采购预算的编制缺乏充分依据，使得相关部门减弱了对政府采购活动的资金约束，无法让政府采购监督管理机制得到充分发挥。

预算编制不合理的主要原因包括：

首先，部分政府预算编制人员的责任意识不足，对预算的认知不足，缺乏专业素养。

其次，相关监督机构对政府预算编制缺乏足够的监督，导致采购人在未对采购项目进行实地考察，不了解相关情况的背景下就开始编制政府采购预算，使编制人员不能确定真实的采购成本，只追求采购价格最低，而忽视了项目质量。盲目编制政府预算使得预算调整现象频繁发生，不仅降低了政府采购预算的有效性和严肃性，破坏了政府采购监督机制的完整性，同时也使得“物有所值”的政府采购管理目标更加难以实现。

政府采购预算的编制要合理且有效，这样才能为财政部门、纪检、审计部门的内、外部监督提供充分的依据，让监督过程不仅仅关注采购活动的合法性与合规性，更触及采购活动的实质性内容，这样的监督才具有意义。另外，中央及地方政府的采购网站没有很好地反映采购人编制预算的问题，这也是需要加强的地方。

（2）事前审批事项过多

这一问题主要体现在以下几个方面：一是对采购方式的审批过多；二是公开招标数额标准和采购限额标准较低；三是集中采购目录的范围过宽。这些问题首先无法满足“放管服”改革的需要，其次不能满足对预算主体放权的需要。

政府之所以要进行“放管服”改革，一是为了激发市场主体的活力，二是为了减少政府部门对市场的干预，三是为了提升政府部门的治理能力和水平。目前，政府采购公开招标数额标准相对较低，使得公开招标方式的使用频次普遍较高。但是由于公开招标的周期比较长，相对效率比较低，容易跌入“价格过低”的陷阱，不仅难以满足采购人的个性化需求，同时也不利于改进政府采购效能。

在公开招标数额标准上，我国工程采购的标准比货物和服务的标准要低。

目前，我国政府采购主要采取集中采购目录和限额标准制的集中采购模式。这意味着委托给集中采购机构的采购对象有两大类：一是列入集中采购目录的项目；二是采购限额标准以上的采购对象。这样一来就会导致以下问题：当集中采购目录过宽、限额标准过低时，将会有大量政府采购被委托给集中采购机构代理，而事实上，这些代理机构的代理范围和能力均有限，这与简政放权、激发代理机构活力是冲突的。

2014 年，我国全面放开了政府采购代理机构的准入。基于此，在不调整集中采购目录和限额标准的情况下，社会代理机构的代理范围会更加小。另外，《政府采购法》规定，如果政府采购达到公开招标数额标准，但没有采用公开招标，需要由财政部门进行审批。实际上，政府采购不适合采用公开招标的情况比较多，且经常会出现招标后供应商不足三家的情况，这些情况都需要上报财政部门审批，然后才能更改采购方式，但这会大大降低政府采购效率。

2. 政府采购事前监管的对策建议

（1）加强对采购需求和预算编制的监督

在整个政府采购流程中，采购需求确定和预算编制是两个关键环节。要想优化政府采购活动，就要编制合理的预算，这也能为政府采购监督管理工作提供依据和保障。

首先，政府相关部门要强化采购人员的预算意识，强调预算管理的重要性及其在财政支出效率、监督管理工作中的重要意义，帮助他们树立“精准编制预算”“无预算，不采购”的观念。

其次，政府相关部门要通过监督管理，督促采购人员提高编制采购预算的水平和专业知识素养，同时要建立相关体系，让采购人通过市场调研，充分了解市场行情、掌握采购产品的信息，并根据采购需求衡量产品价格与质量，实现政府采购的“物有所值”。

最后，政府相关部门要加强对预算绩效评价的应用，采购人编制的预算应该以上一个财政年度预算绩效评价为依据，财政部门需要对此进行专项检查和审核，同时要查缺补漏，切实解决问题，科学合理地编制采购预算，使社会、经济、生态环境效益实现最大化的统一。

（2）增加采购人的自主权

增加采购人的自主权一方面有助于推进对全国预算绩效的管理，另一方面也有助于深化政府采购制度改革。实现采购人自主权的扩大需要实行以下改革：一是适当缩小政府集中采购目录范围；二是适当提高政府采购限额标准。这些改革有助于采购人自主选择简易采购方式，同时也能扩大采购代理机构的代理范围，激发采购代理机构的活力。

此外，如果一些采购项目在采购目录范围之外，且没有达到限额标准，采购人无法根据《政府采购法》的相关规定进行操作，那么财政部门应给予其另外一些简易操作方式指导。

财政部门也要放宽对采购方式审批的限制，给予采购人充分的信任，相信他们有能力选择最佳采购方式。如果供应商不满三家，但可能进行公开招标，那么采购人不需要再向财政部门申请批准，可以自主选择采购方式。需要注意的是，在事前“放权”的同时也应该加强事中和事后监管。

（四）事中监管的问题与对策建议

政府采购的主体包括采购人、采购代理机构、评审专家、供应商。在政府采购监督管理链条上，每一主体都是重要的组成部分。各主体不仅要遵循相关法律规定，依法行使自己的职能，同时也要接受相关政府部门的监督，并相互监督，承担各自的责任。但目前的情形是各主体不明确自身责任，也没有足够的相互监督的意识。如果监督力度不够且不够全面，那么各主体很容易因为追求自身利益最大化而产生腐败现象，造成财政资源浪费。

1. 政府采购事中监管存在的问题

首先，相关部门对采购代理机构的监督不够全面。近年来，采购代理机构的数量呈大幅上升趋势，需要财政部门加强对代理机构的监管力度，遵循先“放”后“管”的思路。

采购代理机构负责采购活动的承办，特别是招标投标活动的承办，对招标文件的制作具有相对“灵活”的权利，而监管力度不够容易导致代理机构与供应商暗箱操作，有的机构还会对其他供应商设定不公平条件，实施歧视待遇，严重违背政府采购公开招投标的公平性与公正性原则。

其次，相关部门对评审专家的监督不够全面。财政监督管理部门主要对以下几方面的监督管理力度不够：一是对评审专家是否独立于其他主体没有足够的监督；二是对评审专家的评审意见是否公平没有足够的监督；三是对评审意见是否具有政策性监督不够。

最后，相关部门对供应商的监督不够全面。目前，监督部门侧重于对供应商资质方面的监督，但对供应商的履约能力、提供产品和服务的质量等没有足够的监督，无法保证采购效率和采购的有效性。

2. 政府采购事中监管的对策建议

基于政府采购监督机制，要加强采购人、采购代理机构、评审专家、供应商等主体的责任意识，加强财政监督部门对各参与主体的监督管理，形成完整的事中监督链条。

（1）加强对采购代理机构的监督管理

采购人与采购代理机构具有委托代理关系，如果监督部门对采购代理机构监督不到位，就可能导致采购人处于被动状态，无法让采购活动真正满足政府采购需求。因此，监督管理部门一方面要实时监督采购代理机构的采购流程，确保整个流程的合法性与合规性；另一方面要密切关注采购代理机构与供应商、评审专家是否存在串通行为，确保采购活动的公平性与公正性。

财政部门在抽查和量化考核采购代理机构时，需要坚持“双随机一公开”的原则。同时，采购代理机构的代理资质要以考核结果为依据，建立并实行社会代理机构资质登记制度，激励代理机构依法代理采购事宜。

（2）加强对供应商的监督管理

监督部门不仅要审查供应商的资质，还要审查供应商在投标文件中提供的产品项目信息与采购需求是否契合，审核供应商是否存在提供虚假信息等行为。另外，采购人也要对供应商的履约情况进行有效监督，对供应商提供的货物或服务进行质量考核和评价，评估其是否达到预期的政府采购需求，并将其作为考察供应商资质的重要因素。

（3）加强对评审专家的监督管理

建立评审专家库，对库内专家进行动态管理，并实行考核奖惩制度，及时更新专家库数据，监督专家评审的政策性和独立性，确保评审专家的专业性，将监督结果作为考核专家资格的因素。

（五）事后监管的问题与对策建议

1. 政府采购事后监管存在的问题

政府采购事后监管主要是指对政府采购合同履行情况的监管。目前，这一环节存在的问题主要表现在以下两个方面：

（1）对供应商履约验收的监管不够

不可否认，政府采购的最终效果是由供应商履约情况的好坏决定的。然而目前，不少供应商在履约过程中存在着诸多问题，如不诚信、低价中标后“以次充好”等。面对这些问题，采购人没有有效的解决办法，而且很少提出质疑和投诉来捍卫自身权利。

（2）对信息公开的监管不够

政府采购监管要具备透明化的信息公开及反馈机制。目前，虽然我国已经在一定程度上对政府采购活动形成了电子化平台监管，并通过中国政府采购网对监督检查结果、质疑和投诉处理结果、政府采购严重违法失信行为记录名单等信息进行公示，各地方政府也对这类监督信息进行了市级和区级层面的公示，能够将政府采购置于审计部门、社会公众的外部监督之下，但是，政府采购的监管信息公开工作仍存在不足。

首先，各地监管信息的公开程度不统一。中国政府采购网对质疑和投诉处理公告的披露时间相对较短，相关人员只能查询到近期的60条信息公告，无法对更早日期的公告进行查询；而各地方政府采购网的公告披露时间长短各异，难以统一。

其次，监管信息公开内容不够完善。目前，质疑投诉处理公告包含以下内容：一是相关当事人；二是相关事项；三是调查结果；四是处理结果。这些公告一般只能反映当前存在的问题，没有披露问题何时解决、如何解决以及解决效果如何等内容。

最后，目前的政府采购监督检查结果通常难以及时公开，更难以及时得到应用，这不仅会阻碍政府采购外部监督机制的运行，也有碍于政府采购制度的优化。

2. 政府采购事后监管的对策建议

政府采购事后监督具有以下几点要求：一是监管部门要及时验收供应商的履约情况；二是监管部门要跟踪相关部门质疑投诉处理情况；三是信息公开制度要对供应商的履约情况、质疑投诉处理情况等进行反映，从而为社会公众、专业机构的监督管理提供便利。但是，从目前公开的信息来看，社会公众和相关专业机构很难从中获取供应商的履约情况、质疑投诉结果处理情况等信息。

对此，我们提出以下建议：

①对供应商履约验收进行更加严格的监管，一旦供应商在验收中存在弄虚作假行为，就要记录到供应商诚信档案之中，营造“一处失信，处处受限”的营商氛围。

②政府相关部门应不断完善信息公开制度，例如统一信息公开标准。中央政府部门可以联合技术部门搭建采购信息公示平台，规定并统一信息公开时限、标准和模板，地方政府可以统一信息公开的层级，实现信息公开的全面覆盖，为社会公众查询和了解相关内容提供便利。

③完善信息公开内容。政府部门应对质疑投诉处理结果进行公告，不仅要公开存在的问题，还要对问题的后续解决情况进行持续追踪，并对外公示问题解决与否、解决效果如何等信息；同时要充分掌握供应商的履约情况，并及时通报有关信息。

④政府相关部门应对政府采购监督检查的结果加强反馈与应用，并及时公开相关信息。相关部门、责任人应对外公布监督检查中发现的问题，并对问题进行改正，同时将改正情况进行公示，使监督部门及时了解问题解决情况。

随着“放管服”改革不断深入，以及我国政府采购制度向国际化方向发展，国家对政府采购监督管理机制的要求越来越高。因此，政府相关部门应基于简政放权的政策方针，不断完善相关法律法规，不仅要做好事前监督，更要做好事中和事后监督；要大力提高各参与方的主体责任意识，增强财政部门的监督管理力度，推动财政部门与纪检部门、审计部门、社会公众在公共事业上的相互配合；对政府采购实行“全过程”监管，不断优化我国政府采购监督管理机制，持续推动“放管服”改革和政府采购制度的稳步发展。

四、政府采购社会服务的创新实践

（一）政府采购社会服务的创新

我国的政府职能正在发生转变，服务型政府建设正在持续推进，社会工作教育正在快速发展。2008 年，深圳、广州、东莞等城市受“政府经济学”

“有限政府理论”“第三方管理理论”“新政府治理”等公共管理学经典理论的影响，正式开展社会工作试点工作，希望通过对政府购买模式的大胆探索，激发社会经济活力，提高公共服务水平，实现社会管理体制的创新。这里的“政府购买模式”主要指政府购买社会工作服务，其供应商主要是民办非企业性质的社会服务机构，该模式可以分为“政府购买社会工作岗位”模式和“政府购买社会服务项目”模式。

目前，政府采购社会服务的规模正在不断扩大，政府有关部门对采购的管理也逐渐趋于集中，采购的内涵变得越来越丰富，呈现出集约化、规范化、电子信息化等特征，政府采购也探索出了许多新经验、新举措。

政府采购已经建立起相对完善的购买运作机制，并明确定义了招标采购的实施主体、购买对象和相关保障。

其中，“实施主体”主要是各级民政部门，他们负责本级政府采购事宜，包括政府采购的计划审核、经费安排和监督管理。

政府有关部门和群团组织会首先对本系统、本行业的服务需求进行评估，然后再向同级民政部门申报社会服务计划，最后执行具体计划。从基层来看，政府购买服务主体包括各街道办事处、各镇人民政府等。

“购买对象”首先需要具备独立法人资格；其次要拥有一支专业团队，这支团队要能熟练掌握与灵活运用社工知识、方法与技能；然后该团队应是社会团体组织、民办非企业单位、基金会等。这些主体需要具备以下特点：

- 具有完善的内部治理结构。
- 具有健全的规章制度。
- 具有良好的社会公信力。
- 具有较强的公益项目运营管理能力。
- 具有一定的社工专业服务能力。

另外，一些符合条件和具备相应能力的企事业单位同样可以承接政府采购工作。

“相关保障”是指要建立健全政府采购监督管理制度，形成政府采购文件档案，同时要推进专业评估机构、行业管理组织、专家等的评估，综合考评项目管理、服务成效、经费使用等内容，并将考评结果与后续政府采购挂钩。

具体来看，政府采购社会服务的招标流程如表 7－2 所示。

表 7－2　政府采购社会服务的招标流程

序号	具体内容
1	以民政局、街道办事处等为代表的政府招标单位首先提出招标需求，拟定招标文件，并发布招标公告，在此期间，应留下一定的时间，接受大众质疑、修正招标标准
2	让民办社工机构作为购买对象并参与应标
3	采购中心或招标机构选择评标专家进行评标
4	公示中标通知
5	采购中心或招标机构向中标供应商发送中标通知书
6	采购人与中标供应商签订合同
7	合同当事人进行履约

目前，我国政府采购的招标流程与执行过程已经基本做到了程序公正与执行规范，并在采购数量和质量、采购流程、绩效考核、人员资质、外部法律环境等方面都做出了规范化要求，形成了相对稳定的规范体系。另外，大部分中标供应商都具备优质服务能力与条件，有效保证了政府采购的“物有所值”。

我国政府采购积累了丰富的招标经验，由于政府相关部门制定了一定的社会服务购买标准，因此推动了社会服务价值的量化和操作化。同时，招标标准不仅引领了各地区社工行业的快速发展，而且推动了民办社工机构的内部建设，形成了特色服务领域，促进了行业评优与优质服务的发展。

此外，我国通过多年政府招标经验的积累，已经建立了政府采购的运作机制，并在招标过程中解决了许多棘手的问题，例如“政府转变职能，厘清社会服务上政府与社会的界线”“明确定义招标中的实施主体、购买对象及相关保障”“增进人民福祉，建立符合社会福利诉求的社会服务政策”“加大财政投入，保障政府购买服务长效开展”“努力健全与完善政府购买社工服务工作的评标与评估体系”等。

（二）政府采购社会服务的问题

近年来，随着我国民办社工机构的迅速发展，社会服务与政府采购也得到了快速发展，两者逐渐融合，形成了供应链管理态势。不过，我国在政府采购的发展上仍缺乏整体的研究与共识，面临着不少问题和挑战。通过对政府采购进行调查发现，政府采购在招标过程中存在以下五个问题：

1. 缺乏政府采购社会服务的理论知识体系

目前的政府采购尚缺乏理论知识体系，使得政府相关部门将经济领域的招标标准生搬硬套到社会服务领域，使社会服务的理念、价值观、专业性、服务成效等被严重忽视。从国际政府采购的发展来看，政府采购的发展需要与采购知识体系的建设产生关联。

采购的发展源于 19 世纪末，一些以采购为主题的论著问世成为采购发展的标志性事件。1887 年，马歇尔·柯克曼出版的《铁路用品的解决对策——采购与处置》正式问世，这是公认的“第一本采购专著”。直到第二次世界大战结束以后，制造业才成为推动采购及其知识体系发展的主要动力。

20 世纪 50 年代，工业进入快速发展阶段，制造业呈现出规模化、标准化的特点，采购的核心价值主要定位在如何降低成本，采购的主要方法是规模化采购与议价谈判技术。21 世纪以后，随着全球化的发展，“供应链理论”也得到快速发展，采购与供应链体系不断融合，采购的核心价值不再是“成本”，而是变成了“利润”，采购者更加关注供应链的可靠性、及时性和安全性等。

与此同时，政府采购越来越多地涉及信息服务、咨询服务、人事管理等服务采购，财务管理服务也开始实行外包。不过，观察国内外采购理论发展的态势可以发现，服务采购方法、绩效评估、风险控制等内容的研究仍缺乏政府采购理论知识体系的支撑。

因此，我国政府在招标标准体系中不得不较多地采用修改后的采购评分标准，如基于制造业服务与设备采购、物业服务采购等修改而来的评分标准。这种修改而来的评分标准具有以下弊端：一是明显地缺乏或不重视社会工作的专业价值、从业者的专业资格、专业手法、服务方案的专业性、服务质量、服务关系与成效等；二是没有把社会工作当作有效的治理技术来看待。

2. 招标需求、服务协议指标与评估标准不统一

政府采购存在招标需求、服务协议指标、评估标准不统一的情况，这会导致招标竞争不公平、社会服务过度集约化、服务质量受损等情况发生。例如，部分政府招标中心招标采用一个标准，协议采用一个标准，评估采用一个标准，导致一些民办社工机构为了“中标”故意夸大预期的工作成效，例如在投标过程中故意夸大服务指标，但中标后却竭力降低“服务协议标准”，同时不重视专业服务人才队伍建设，无法保证服务质量。

例如，一家民办社工机构在“中标”之后，在履行协议的半年时间内，为了给政府相关部门提供服务，配备了一名专业社工和四名实习生，这与合同中规定的配备五名专业社工不符，存在以实习学生“顶岗社工”的现象，其所提供的服务与专业服务相去甚远，无法满足招标文件中规定的服务质量标准。

与此同时，各地第三方评估机构的评估体系与标准也大不相同，其发布的相关数据难以有力地评估与监测民办社工机构的服务成效，反而会导致部分民办社工机构成为“中标大户”，使社会服务产业集约化程度过高，虽然其对整个社会行业形成了垄断，却无法在社工服务行业发挥“领头羊”的作用。

3. 评标专家队伍建设还不够成熟

例如，一些政府采购中心经常将社会建设组的专家库当作评标专家库，使得许多评标专家的实际职业是律师、园艺专家、物业专家、经济学专家、图书管理专家、会计学专家等，与评标专家的身份极为不符，而真正与所采购的产品和服务相关的专家严重不足。这又会进一步导致社会服务评标中过于重视评测和分析“商务标”部分，而容易忽略评测和分析“技术标”部分，至于标书中的专业服务价值和服务远景的评价则更加难以实现。

4. 缺乏社会服务领域的服务经验

例如一些政府招标中心的招标标准对某些领域的服务经验未做明确要求，导致拥有五年服务经验的供应商与拥有一年服务经验的供应商几乎没有区别。有些地方政府甚至会采用抽签方式进行招标，没有给予民办社工机构前期投入的人力、物力、财力以及专业经验的积累等以足够的重视，这会使得政府采购的社会服务始终处于较浅层次，无法获得优质的专业服务和特殊服务。

5. 社会服务项目的责信问题

社会服务项目的主要责信对象是政府，即对政府发包方负责，而不是对服务对象负责。基于此，契约管理的社会服务质量往往难以保证，导致社会服务产生责信问题。毫无疑问，这不仅会使得服务资源大量流失，还会使参与招标的社会服务机构产生寻租行为和恶意竞争行为。例如，一些民办社工机构为了“中标”，可能会故意压低服务项目的价格或增加服务指标，可能导致中标后的服务质量无法满足要求，损害服务对象和一线社工的利益。

（三）政府采购社会服务的策略

对于政府招标中存在的这些问题，可以通过以下方法予以解决：

应在采购中心的采购库中列明社会服务领域的招标清单，提高政府采购相关人员对开展“政府采购社会服务研究”的认识。政府采购社会服务虽然在操作流程上与企业采购有诸多相似的地方，却属于公共财政研究的范畴，其宗旨与企业采购截然不同，需要建立一套新的评价体系来进行分析。哈佛大学马斯格雷夫教授认为：“任何商品只要被政府采购，就变成了‘公共物品’进入‘公共服务’范畴，对于公共服务的绩效考核并不是政府自己来进行的，而应该由纳税人进行考核，考核的方式与指标都远远超出了纯经济的范畴。”马斯格雷夫教授将之称为“政治程序”。因此，如果政府采购套用企业采购的程序来执行无疑是一个误区。从这个层面来看，要想解决政府招标中存在的诸多问题，就需要开展“政府采购社会服务研究”，这对前者来说具有十分重要的战略性意义。

政府、学术界与实务界应积极探索并建立政府采购社会服务的知识体系。具体来说，一是要研究政府采购社会服务的功能定位；二是要完善政府现有的采购体系；三是要凸显非营利服务的关注焦点、主要方法与岗位；四是要适应社会服务与公共服务特点。这些方面的探索可以促进政府采购形式的发展，提高政府采购的效率和透明度，同时有利于政府招标开放式战略的确立。

以社会服务知识体系为基础，通过对指标设置、评标指标体系、资格预审问题等的研究，建立专业的政府采购社会服务评价的指标库，同时聘用社会服务领域专家，加强对中标者服务前、服务中、服务后的监管与考核，杜绝随意采用政府评标方法，实现良好的供应链管理。

将注意力集中在政府采购的资金节约、廉政建设、公平竞争、社会效益与政策功能等方面，特别要将注意力集中在如何回应服务对象的需要、确保社会服务的责信、推进社会公平、建立优质服务、形成服务特色以及推动社工行业的发展等重要问题上。

第八章　各类项目采购操作实务

一、进口类产品招标采购操作实务

（一）进口产品采购的审核管理

政府采购进口产品要按照《政府采购法》和相关政策规定，加强对进口产品采购工作的审核与管理。下面对进口产品采购审核与管理进行具体分析。

1. 进口产品的分类

《政府采购进口产品管理办法》将进口产品分为三类，分别是国家鼓励进口的产品、国家限制进口的产品和其他进口产品。

2. 政府采购进口产品所属行业主管部门

医疗器械类产品：行业主管部门为市卫生局。

电子信息类产品、网络用产品和软件产品：行业主管部门为市信息化管理办公室。

上述以外机电类产品：行业主管部门为经济贸易委员会。

如果不能确定所采购的进口产品对应的行政主管部门，可以由采购人所属行政主管部门代理相关审核职能。

3. 采购人办理采购进口产品审核所需提交的资料

（1）采购人采购属国家鼓励进口的产品需要提交的资料

①采购进口产品的申请文件，该文件包括采购进口产品的基本情况、采购进口产品的理由及其他需要说明的情况。②《政府采购进口产品申请表》。③国家鼓励进口的法律法规政策文件复印件。④其他相关材料。

（2）采购人采购属国家限制进口的产品需要提交的资料

①采购进口产品的申请文件，内容包括采购进口产品的基本情况、采购

进口产品的理由及其他需要说明的情况。②《政府采购进口产品申请表》。③《政府采购进口产品专家论证意见》。④《政府采购进口产品论证专家基本情况表》。⑤《政府采购进口产品所属行业主管部门意见》。⑥如果采购人采购的进口产品属于国家限制进口的重大技术装备、重大产业技术和重大科学仪器装备，那么除了要提交上述资料外，还要出具国家发改委、科技部的相关意见。⑦其他相关材料。

（3）采购人采购其他进口产品需要提交的资料

①采购进口产品的申请文件，内容包括采购进口产品的基本情况、采购进口产品的理由及其他需要说明的情况。②《政府采购进口产品申请表》。③《政府采购进口产品所属行业主管部门意见》或《政府采购进口产品专家论证意见》和《政府采购进口产品论证专家基本情况表》。④其他相关材料。

（二）进口产品采购的审批要求

1. 审批资料

采购人报财政部门审核时，应当出具以下材料：①《政府采购进口产品申请表》。②关于鼓励进口产品的国家法律法规政策文件复印件。③进口产品所属行业的设区市、自治州以上主管部门出具的《政府采购进口产品所属行业主管部门意见》。④专家组出具的《政府采购进口产品专家论证意见》。

上述四项资料不是必须提供的，需要根据不同的情况进行处理。

国家限制进口产品主要是指商务部、发展改革委、科技部等制定的相关目录中的产品。采购人在采购国家限制进口产品时，需要向财政部门出具专家论证意见和所属行业主管部门的意见；在采购国家限制进口的重大技术装备和重大产业技术时，需要向财政部门出具发展改革委的意见；在采购国家限制进口的重大科学仪器和装备时，需要向财政部门出具科技部的意见。如果采购人与采购产品同属于一个行业主管部门，那么需要向财政部门出具产品所属行业主管部门的意见；如果采购人与采购产品所属的行业主管部门不一致，那么需要以产品所属行业主管部门的意见为主要出具意见。

2. 采购进口产品不用审批的特殊情形

（1）配套性需要导致的

如果采购人因配套需求需要继续向原供应商采购原有项目产品，那么这种添购不需要重新上报有关部门审核，但添购的总金额不得超过原合同采购金额的10%。

（2）履约合同中的添购

在履行进口产品的政府采购合同时，如果采购人存在追加采购标的物产品的需求，可以在不需要重新审核的情况下与供应商签订补充合同，但需要保证两点：一是要在不改变原合同其他条款的基础上进行；二是补充合同的采购金额不得超过原合同采购金额的10%。

第一种添购一般发生在履行合同完毕后，第二种添购一般发生在履行合同过程中，这两种情况发生的前提是原合同中的采购产品都为进口产品。

（3）审核程序

①拟采购国家鼓励进口的产品：由采购人直接向同级财政部门提出申请。②拟采购国家限制进口的产品：由采购人按照规定组织专家进行论证，经产品所属行业主管部门审核后，报同级财政部门审核。③拟采购其他进口产品：经产品所属行业主管部门审核或由采购人组织专家论证后，报同级财政部门审核。

（4）审核时限

①各产品所属行业主管部门应在受理采购人申请后7个工作日内完成审核工作，并向采购人出具审核意见。②财政部门应对采购人的申请要件进行审核，要件齐全的应在3个工作日内完成审核工作，并向采购人出具审核意见。

（三）专家论证与文件制作规定

1. 专家论证

专家组应至少由五名专家组成，且人数需为单数。在成立专家组时，必须任命一名法律专家为专家组成员，专家组所包含的产品技术专家不能是采购单位的技术专家，但必须熟悉采购产品。另外，采购人代表不能成为专家组成员，更不能参与论证。

采购评审专家不能由论证专家代替，两个专家组需由不同的人员组成。论证专家必须熟悉所采购的产品，且不能与采购人或采购代理机构存在任何隶属关系，包括经济和行政等方面的隶属关系。从原则上来说，采购人需自行组织进口产品专家论证意见。进口产品论证专家与采购文件评审专家来自两个不同的体系，两者不能混为一谈。其中，采购文件评审专家需要从财政部门建立的专家库中抽取；而进口产品论证专家可以不采取这种方式获取。

2. 文件制作的相关规定

（1）关于是否禁止进口产品供应商参与竞争规定

采购人若未经财政部门同意便开展采购活动，那么这种采购活动应被视为拒绝采购进口产品，相关的采购文件中需要明确规定不允许进口产品参加该采购活动。如果采购文件中没有这样的规定也会被视为拒绝进口产品参加。

（2）关于是否允许国内供应商参与竞争的规定

经财政部门审核同意后，采购人可以购买进口产品，这时需要在采购文件中明确规定进口产品可以作为采购产品。在信息不对称的情况下，如果一些国内品牌能满足政府采购需求，同时有意向参加采购竞争，那么采购人或采购代理机构不得限制这些品牌参与竞争，而需要按照公平竞争原则组织采购。

（3）协议供货的进口产品规定

如果集中采购机构组织购买的进口产品属于协议供货的政府集中采购目录产品，可以不对进口产品参与竞争进行限制，但需要经过财政部门审批同意才能采购入围进口产品。如果集中采购机构想要组织购买的进口产品属于非协议供货的政府集中采购目录产品，同时采购人的采购行为未经过财政部门审批同意，那么集中采购机构便不得组织此次进口产品的采购工作。

（4）定标优先原则

采购进口产品时，采购人要坚持两大原则：一是坚持有利于本国企业自主创新的原则；二是坚持有利于本国企业消化吸收核心技术的原则。在此基础上，采购人应优先购买以下类型的进口产品：一是向我方转让技术的产品；二是向我方提供培训服务的产品；三是其他有补偿贸易措施的产品。

二、政府服务类项目采购操作实务

（一）政府服务采购的主要特点

政府服务采购指的是组织对除货物和工程以外的其他企业需求对象进行获取的过程。

按照国际惯例，《政府采购法》中没有准确界定服务采购的概念，而是利用排查法和归纳法对其进行了诠释。《政府采购品目分类表》使用 11 个大项对服务进行了概括，这 11 个项目分别是印刷出版专业咨询、工程监理、工程设计、信息技术的开发设计、维修、保险、租赁交通工具的维护保障、会议、培训、物业管理和其他服务。政府部门对这些项目的获取过程被称为政府的服务采购。

政府服务采购主要分为两类：一是采购满足组织内部不能提供的服务或相关服务；二是采购满足组织内部不愿提供的服务或相关服务。政府采购部门可以通过招标、竞标等方式挑选出最符合要求的供应商，然后要求这些供应商提供专业、高效、利益化的服务，同时将这些服务与企业战略管理进行有效结合。此举一方面能够带来更多的技术和更专业的人才，同时也能减少政府部门的业务负担、降低政府采购支出，同时还能帮助政府采购部门获得专家的指导意见。

货物采购和工程采购的标的分别是货物和工程，而服务采购的标的是服务或相关服务。服务采购具有多种特点，如无形性、易变性、无法存储性、不可分割性、采购复杂性、不能再销售、评审侧重质量而非价格等。美国 Eli Lilly and Company 公司的副总裁和首席采购官 David M. Green 将服务采购的特点总结为以下六点：

①服务采购很难把握和控制。同样的服务可以在不同地方使用，也可以被多个业务单位使用，或者被多个业主在不同程度上使用。服务使用的复杂性为服务采购工作带来巨大挑战。因此，政府采购部门需要对服务采购进行分类诊断，这也是服务采购得以进行的关键要素。

②服务具有无形性，难以确定其范围和要求，所以需要制定一个规范的服务采购流程，以促进供应商和政府采购部门之间的协作与沟通。

③人们倾向于对服务或服务供应商做出更多的主观评价，所以在组织服务采购活动时，需要对供应商的服务范围和要求做出明确且必要的描述。

④部分政府采购部门认为自身所需的服务具有特殊性，要在市场上找到新的服务供应商会十分困难。这个时候，供应管理部门可以利用自身积累的市场知识为内部客户提供增值服务，例如为政府采购部门说明服务的要求、为政府采购部门选择最合适的服务供应商等。

⑤一些服务可能会按照原有的采购流程进行采购，这些服务的相关要求

也会直接面向各个需求部门。这个时候就需要供应管理部门的介入，帮助政府采购部门依法合理进行服务采购。不管通过制度还是信任关系进行服务采购都最好制定一个规范的采购流程。同时，在服务采购过程中，还需要把采购职能与评价职能分开，这样有助于供应管理部门参与合同签订。

⑥在采购过程中，政府采购部门可能面临无法对某些服务归类的情况，这个时候可以借助采购委员会的帮助，或者借助供应商关系管理解决方案进行服务归类。政府采购部门不仅要与内部需求部门进行协作和沟通，同时也要与供应管理部门进行协作和沟通，而针对这些协助和沟通需要规范相应的采购流程；同时，为了避免破坏采购制度，当采购服务直接面向政府内部的需求部门时，也需要规范采购流程。

（二）政府服务采购的类型划分

实行恰当的服务采购分类不仅能优化资源配置，同时也有利于实施一体化的供应管理。与产品一样，服务可以通过策略和非策略的方法进行分类：与生产相关的服务和与生产无关的服务；高、中、低风险的服务；高、中、低成本的服务；重复性的服务、非重复性的服务和一次性的服务等。企业的行业属性可以决定服务的分类方法，服务的分类方法又能决定服务分类管理的方法。

首先明确服务采购分类的原则，其次才能进行有效的服务采购分类。例如，某管理层认为最合适的服务采购分类是将服务采购分为策略服务采购和非策略服务采购，如果采用这种服务采购分类方法，需要先确定“策略”“非策略”的定义，这一点非常重要。

举例来说，某企业把策略服务采购定义为“任何超过 1 万美元的服务采购”，但这个定义存在一个问题，即有些超过 1 万美元的服务采购非常简单，不需要策略采购小组的技能和专业知识便能轻松完成采购任务；而有些采购金额低于 1 万美元的服务采购却比较复杂，需要策略采购小组的技能和专业知识给予支持。

因此，企业可以将策略定义为“关键任务”，这样更加贴切和实用，这表明策略服务采购是企业实现其目标所必需的一种关键采购任务。通过清晰的服务分类和细致的服务支出分类，供应管理人员就能更好地配置人力、技术、财力等各种资源。政府或企业还可以利用卡拉杰克（Kraljic，1983）2×2 矩阵对服务进行分类，该矩阵能通过比较服务价值与获得该服务的风险对服务进行有效分类。

（三）政府服务采购的报价策略

在《政府采购法》中，政府采购对象可以分为三类，分别是货物、工程和服务，其中，服务利用排他法进行定义，即“本法所称服务，是指除货物和工程以外的其他政府采购对象”。与货物和工程的定义不同，服务的定义不是非常明确，因此，采购代理机构在把握服务类项目时存在着一定困难。这种困难主要体现在两个方面：一是体现在对服务项目投标报价合理性的掌握上；二是体现在对服务项目投标报价合理性的评审上。其中，在采购文件评审规则的制定和评审专家现场评审裁量的确定等方面的困难相对较大。

与货物、工程相比，服务类项目具有三个突出特点：一是服务类项目在合同实施之前不会发生，项目评审一般以供应商投标文件中的承诺为依据；二是项目价格组成不透明，难以判定价格合理性；三是采购类项目一般执行期比较长，监督管理比较困难，项目验收时主观感受比较多，客观评价相对难。

针对服务类项目的特点，我们对政府采购服务类项目价格合理性的把握进行具体分析。

1. 尽量完整、细化、明确地制定采购需求

在招标、评标时，服务项目采购对象还没有明确，只能根据供应商投标文件的描述进行评审，对于采购对象是否能满足采购需求，只能依靠投标文件的承诺进行判定。基于此，采购需求必须完整、细化和明确，其中必须包含所有需要供应商完成的工作，同时应逐一说明每项工作任务的具体组成、工作需要达到的程度或效果、采购人在合同执行期间如何检查考核合同质量等，从而为不同的供应商提供一个平等的报价环境。

例如，在物业类项目中，保洁服务是一种非常常见的服务，但人们很难用一两句话清晰地描述保洁服务的内容。为了让供应商能够在平等的基础上进行报价，采购文件应该明确所需保洁人员的数量，所需保洁服务的面积、地点和位置（办公室、楼道、电梯间、客房、会议室、卫生间等），保洁服务范围（地面、墙壁、屋顶、玻璃、镜面、台面、便器、水盆等），保洁服务的频次（每日几次、每次几遍等），服务所需达到的效果（无积水、无污渍、无杂物等）等，为评审专家对价格合理性进行评审提供良好的依据。

2. 采购文件应要求供应商细分报价

服务类项目成本包括人员成本费用、设施设备使用费、耗材费用、税费、利润等，其中，人员成本又包括工资、福利费、社会保险、公积金、加班费等，构成比较复杂。另外，不同行业的供应商对服务价格的细分存在不同的习惯。以物业、保安等初级人力资源服务采购项目为例，供应商在进行报价细分时应该列明工资、社保等费用，这样有利于评审专家判断相关人员成本是否低于国家标准，或者是否低于本地最低标准。如果采购对象是软件开发等知识密集型人才服务项目，一般来说，其人员成本要远远高于国家或本地最低标准，这时可不列明工资、社保等内容，但需要按照行业惯例给出人员成本报价，方便评审专家根据市场平均价格对人员成本报价做出合理判定。

3. 采购文件需表明类似服务项目的价格风险

采购人需要的服务通常是连续性服务，如果采购人曾经采购过类似服务，可以在采购文件中注明以往服务供应商的盈亏状况，为参与本次采购招标的供应商提供报价参考。例如，采购人采购保险服务时，可以通过招标文件告知供应商以往年度的保险服务的赔付率，为供应商的本次投标报价提供参考。具体来说，投标供应商可以通过参考这一赔付率制定此次投标报价的策略，这样就不会因为不了解以往情况导致报价过低，使自己陷入尴尬局面。

如果政府采购采用的是最低评标价法，采购文件应该按照财政部第 18 号令第五十四条的规定执行，即明确中标候选供应商的最低投标价，或者明确某些分项报价明显不合理的地方，或者明确报价低于成本的情况，因为这些内容有可能影响商品质量，或者导致供应商不能诚信履约。所以，评标委员会应当要求候选供应商按期提供书面文件对相关情况进行解释说明，同时提交对应的证明材料。如果中标候选资格未能按要求提交相关书面文件和证明材料，评标委员会有权取消其中标候选资格，排在其后的中标候选供应商可以按顺序递补，以此类推。

评审专家在评审时也要对优先低价供应商的报价做出判断，一是判断报价是否明显不合理，二是判断报价是否低于成本，然后再按照财政部第 18 号令第五十四条规定和采购文件有关要求执行。无论评审专家的判定结果，还是后续的评审情况，都应记入评审报告。

如果政府采购项目采用的是综合评分法，应该按照两点选择价格分所占比例：一是根据财政部的相关规定；二是根据项目的具体情况。如果采购项目的技术复杂性较高、价格与质量相关性较大，同时对产品或服务的质量要求较高，那么应该适当降低价格分所占比例，但不得超出规定范围，例如可以适当降低保险服务、科研服务、调研服务、高级人才智慧服务等项目价格分的占比，将其降为10%～20%。同时，某些特殊采购项目，例如项目采购质量可能影响到社会公众或国家的利益，可以适当增加对价格合理性的评审，如果供应商的价格不合理，可以适当给予扣分。

（四）政府购买服务与政府采购服务

目前，政府职能正在发生转变，经济体制也在不断转轨，整个社会都在努力加快转型步伐。在这样的背景下，政府购买服务成为行业热词，受到各界的广泛关注。基于此，我们需要来分辨两个概念，即政府购买服务和政府采购服务。这两个概念是一回事吗？它们之间有什么区别和联系？政府购买服务与政府采购管理应该如何衔接？为了解答这些问题，我们整理了部分业内专家的解答。

在部分业内专家看来，政府购买服务和政府采购服务既存在区别又存在联系，可以从三个方面进行归纳。

①政府采购包含政府购买服务。《政府采购法》第二条规定，“本法所称政府采购，是指各级国家机关、事业单位和团体组织，使用财政性资金采购依法制定的集中采购目录以内的或者采购限额标准以上的货物、工程和服务的行为”。按照国际惯例，政府购买服务应遵循政府采购法律制度的相关规定。

《政府采购协定》指出，大多数服务项目都能被列入出价清单，但少数服务项目除外。例如，在美国，一些例外服务项目不能被列入出价清单，这些项目主要有：所有的运输服务（包括发射服务）；与政府设施或用于政府目的的私人所有设施相关的服务（包括联邦资助的研发中心的管理与运营服务）；公共设施服务；研究与开发服务。

②政府购买服务与政府采购服务具有基本相同的内涵，但强调的重点存在区别，前者强调的是投入方式，后者强调的是程序规范。

③政府购买服务与政府采购服务在外延上略有差异，后者的主体范围要大于前者的主体范围。政府采购服务指的是国家机关、事业单位、社会团体、事业单位采购的服务。《国务院办公厅关于政府向社会力量购买服务的指导意

见》（国办发〔2013〕96号）规定："行政机关、参照行政管理职能的事业单位、纳入行政编制管理经费由财政管理的群团组织，通过购买服务方式提供公共服务。"另外，还需要注意一点，即事业单位可以承接政府购买服务，但不能作为政府购买服务的主体。

三、政府工程类项目采购操作实务

（一）工程类项目采购适用范围

工程采购指的是采购单位通过招标或其他方式选择合适的施工单位完成施工任务，包括相关的人员培训或者维修等服务，前者属于有形的工程采购，后者属于无形的工程采购。

1. 产品种类

工程采购的范围比较大，就产品种类来说，大致可以分为建筑装修类、电气类、暖通类、给排水类四大类，具体内容如表8-1所示。

表8-1 工程采购的四类产品

产品类型	具体产品
建筑装修类	如防水材料、保温材料、涂料、卫浴、瓷砖、电梯、楼梯、吊顶、地板、门窗、木材、玻璃等
电气类	如发电机组、电线电缆、照明灯具、变频器、元器件、变压器、配电箱、开关插座、安防设备等
暖通类	如空调、空气处理、消声减震、采暖供热、通风设备、水路系统、油烟净化、热水器、暖通控制等
给排水类	如水泵、水表、管道、消毒、水处理器、灭火系统、阀门等

2. 工程采购的条件

一般来说，工程采购要具备以下五个条件。

（1）工程建设项目或计划业已批准

工程建设项目已经得到主管部门批准，并列入年度投资计划。按照政府招标采购的相关规定，如果建设工程没有列入国家计划或者地区计划，不能组织施工。如果是外资建设工程或者融资建设工程，也必须获得立项审批，否则不能进行招标施工。

（2）设计文件已经批准

工程项目的设计文件包括初步设计与费用概算，或者技术设计与修正概算，或者施工图设计与预算，具体内容应该根据项目规模和等级来确定。实践证明，如果时间充足，招标文件最好包括施工图与预算费用，以便政府采购部门更准确地编写招标文件，准备标底。在选定施工单位、签订合同之后，在其他相关条件已经具备的情况下，可以立即开工，而且在施工过程中很少发生变更。但在实际施工过程中，很多项目一经立项就立即开工。因此，在施工招标条件中有这样一项规定：初步设计和概算文件已经批准，这项规定成为编写招标文件的基础。

（3）建设资金已经落实

对于国际性的施工项目来说，建设资金要满足两个条件：第一，已经得到世界银行贷款的承诺，相关机构已经完成了项目评估，已经或者即将签订贷款协议；第二，国内配套资金已经落实或者即将落实。对于国内建设项目来说，建设资金主要包括两部分，一是自有资金，二是银行贷款。其中，自有资金在项目投资总额中的占比不能少于30%，并且银行贷款必须落实。如果项目资金没有落实不能进行招标，也不能进入资格预审流程。

（4）招标文件已经编写完成并经批准

招标文件是项目招标施工的重要依据，必须已经编写完成，并且得到相关部门的批准，才能开展工程采购。根据《工程建设项目施工招标投标办法》第二十四条规定，招标文件必须根据施工招标项目的特点和需要进行编制，具体应该包括招标公告或投标邀请书、投标人须知、合同主要条款、投标文件格式、技术条款、设计图纸、评标标准和方法、投标辅助材料等内容。如果采用工程量清单招标，招标人还应该提供工程量清单。除此之外，招标人还应该在招标文件中对实质性要求与条件做出规定，并用醒目的方式标注清楚。

（5）施工准备工作已经就绪

施工准备工作主要包括征地拆迁、移民安置、环保措施、临时道路、公用设施、通信设备等。施工准备工作基本完成，施工许可证已经获取之后，才能开始工程采购。

（二）工程采购的资格预审程序

任何一项工程项目的公开招标采购都会涉及多方主体，包括工程业主、投标方、中介机构、项目管理公司等。在前期准备过程中，业主及中介机构有一项非常重要的任务就是对投标单位进行资格预审，只有通过资格预审的投标单位才能正式参加投标。即便工程采购没有资格预审环节，也应该进行资格后审，也就是在开标后对投标人进行资格审核。

资格审查的主要目的有四个：第一，对投标人的基本情况做出大致了解，包括投标人的财务状况、技术力量、施工经验等；第二，提前将不合格的投标人淘汰，降低招标风险；第三，减少评标时间，降低评标成本；第四，帮助不符合条件的投标人节省投标费用，包括购买招标文件的费用、前往现场考察的费用等。

1. 工程采购的资格预审程序

（1）编制资格预审文件

招标人组织专业人员编制资格预审文件或者将相关事宜委托给招标代理机构。资格预审文件要涵盖许多内容，具体包括工程项目简介、对投标人的要求、各种附表等。资格预审文件编制完成后要提交行政监督部门进行审查。

（2）刊登资格预审通告

资格预审通告要通过国家制定的媒体发布，邀请有意参加投标的单位积极申请投标资格预审。具体来看，资格预审通告应该包括：工程项目名称、工程所在位置、工程概况、合同包含的工作范围、资金来源；资格预审文件的发售日期、发售地点和发售价格；递交资格预审文件的日期、地点等内容。

（3）出售资格预审文件

招标人要在指定的时间和地点发售资格预审文件，文件价格应该以工本费为标准，发售时间应该从开始发售持续到接受资格预审的申请时间为止。

（4）对资格预审文件的答疑

投标人收到资格预审文件之后，可能会对资格预审文件提出各种质疑，有些质疑可能是由于投标人对文件条款理解不透彻导致的，有的可能是因为资格预审文件存在疏漏。投标人可以将这些质疑整理成书面文件提交给招标人，招标人要以书面形式做出回复，并通知其他购买资格预审文件的投标人。

（5）报送资格预审文件

投标人要在规定的截止日期之前报送资格预审文件，超过规定截止日期，招标人有权不接受任何资格预审文件，并且不允许投标人修改资格预审文件。

（6）澄清资格预审文件

招标人收到投标人提交的资格预审文件之后，如果有疑问可以请投标人以书面的形式进行澄清。此时，投标人要如实回答问题，但不能对报送的资格预审文件的内容进行修改。

（7）评审资格预审文件

招标人组建资格预审评审委员会，对投标人提交的预审文件进行评审。

（8）向投标人通知评审结果

评审结束后，招标人要以书面形式将评审结果发送给所有参与资格预审的投标人，然后在规定时间和地点发售招标文件。

2. 资格预审文件的填报要求

投标人只有通过资格预审才能购买招标文件，参与正式投标，所以，投标人必须认真填写资格预审文件，按照要求逐项填写，每项内容都要填写清楚。在填写资格预审文件时，投标人可以根据工程特点有重点地填写，关注可能对评审结果造成较大影响的内容，有针对性地报送资料，重点阐述在财务、施工经验、施工设备、人员、技术等方面的优势。资格预审文件填写的内容要尽量简明，降低评审人员的理解难度，减少不必要的质疑，让评审人员、招标人感受到投标人的专业、严谨。

投标人想要在短时间内将资格预审文件填写清楚，体现公司的水平，必须在日常工作过程做好相关材料的整理工作，包括公司财务状况、人员情况、施工设备、施工项目、施工经验等，将其分门别类地存储起来，在填写资格预审文件时随时取用。

以公司的施工经验为例，相关人员要在日常工作中对公司近 5 ~ 10 年完成的施工项目进行详细记录，记录的内容包括项目名称、地点、规模、合同价格、施工周期，业主名称以及地址、监理单位的名称以及地址，公司在这个项目中承担的任务，独家承包还是联合承包，是总承包人还是分承包人等。相关信息越完善，说明公司的信息化管理水平越高，在资格预审中越能够给评审人员、招标人留下良好印象。

（三）工程采购评审标准和方法

招标人组建评审委员会专门负责资格预审的评审工作，评审委员会一般由业主代表、招标机构、设计咨询单位等部门委派的人员构成，其中应包括技术、经济等领域的专家。

1. 评审标准

资格预审是为了评估投标人各方面的能力是否能够满足合同执行要求。基于这一目的，评审标准应该设置如下：投标人公司机构健全、财务状况良好、技术水平高、施工设备完备、有类似的工程施工经验、有良好的信誉等。只有这些条件都满足，才能通过资格预审。

2. 评审方法

（1）资格预审文件的审核

收到投标人提交的资格预审文件后，评审委员会要对资格预审文件进行整理，先判断投标人是否对资格预审文件做出了实质性响应，也就是资格预审文件的填写是否符合要求，然后检查资格预审文件的完整性以及资格预审强制性标准的合格性。只有通过初步检查的资格预审文件才能进入正式评审环节。

（2）对资格预审文件进行评审

资格预审最常用的方法就是评分法，根据提前拟定好的评分标准逐项打分。资格预审文件评审使用淘汰法，也就是将不符合要求的投标人直接淘汰，然后从组织机构与经营管理、财务状况、技术能力、施工经验 4 个方面对符合要求的投标人进行打分。投标人要通过资格预审，每项得分都不能低于最低分数线，而且四项得分总和不能低于 60 分。

招标单位与评审委员会可以根据参与资格预审的投标人的数量灵活设置最低分数线。如果投标人的数量比较多，可以适当提高最低分数线，选出一些高水平、高质量的投标申请人，为之后资格预审工作减少工作量。

资格预审的四个评审维度可以细分为若干个因素，如表 8－2 所示。

表 8－2　资格预审的评审维度

评审维度	分值	细分因素
机械与管理	10 分	公司管理机构情况；经营方式；以往履约情况，如获得的奖励或处罚等；目前和过去涉及诉讼案件的情况等
财务状况	30 分	平均年营业额或合同额、财务投标能力、流动资金、信贷能力等
技术能力	30 分	现场主要管理人员的经验与胜任程度，现场专业技术人员的经验与胜任程度，施工机械的适用来源与已使用的年限，工程分包情况等
施工经验	30 分	类似工程的施工经验，类似现场条件下的施工经验，完成类似工程中特殊工作的能力，过去完成类似工程的合同额等

上述各因素所占评分比重应该根据项目性质及其在项目实施中的重要性来确定。例如，对于复杂的工程项目，技术能力、施工经验所占评分比重应该要高一些；对于航道疏浚等对技术要求不高的工程，机械与管理所占评分比重可以高一些。

3. 资格预审的评审结果与审查

资格预审评审结束后，评审委员会要以书面形式宣布评审结果。一般来说，评审报告要涵盖以下内容：工程项目概要、资格预审工作简介、资格预审评价标准、资格预审评审程序、资格预审评审结果、资格预审评审委员会名单、资格预审评分汇总表、资格预审分项评分表、资格预审评审细则等。

资格预审报告在发布之前要提交招标管理部门审查，然后在资格预审文件规定的期限内将评审结果通知所有投标申请人，并向通过资格预审的投标申请人发送投标邀请书。

4. 资格后审的应用分析

有些施工不复杂，而且希望早日开工的项目，为了能够早日开工，可以不进行资格预审，而是在招标文件中注明资格审查的内容，在投标人提交投标文件后、正式评标前进行资格审查。如果采取资格后审，投标人在填写投标文件时要一并填写资格审查资料，对资格审查合格的投标人进行评标，资格审查不合格的不予评标。

从审核项目来看，资格后审与资格预审大体相同，主要包括投标人的组织机构、财务状况、人员与设备情况、施工经验等内容。

如果项目规模比较大，涉及的内容比较复杂，必须对投标人进行资格预审。招标单位发布招标资格预审通告后，对工程感兴趣、有承包意愿的单位会主动购买资格预审文件，按规定填写文件中的各项内容，并在规定日期内提交。在对投标申请人提交的资格预审文件进行审核后，招标单位会通知审核合格的承包商购买招标文件，参与接下来的投招标环节。

（四）工程采购项目的评标方法

评标需要由招标人依法组建评标委员会，然后由评标委员会对投标人的响应情况是否符合招标文件的要求进行评审。评标方法可以分为最低投标价法和综合评估法，两种方法均应对招标人负责。评标委员会要从投标竞争者中选出中标候选人，然后再选出最终的中标者，最终的中标者应该是最符合招标文件要求的投标者，这样招标人的利益才能得到最大限度的保证。下面，我们将重点分析工程招标中的评标方法，希望能为实际的招标工作提供一定的参考。

1. 最低评标价法

最低评标价法的优缺点如表 8－3 所示。

表 8－3　最低评标法的优缺点

	最低评标法
优点	可以帮助采购单位以最少的资金采购到符合要求的产品，可以极大地节约采购成本，提高资金使用效率； 利用最低评标价法进行评审，评标人会严格按照招标文件的规定执行，避免了人为因素的干预，可以避免内外串通牟取不法利益，同时能有效遏制腐败现象的发生
缺点	可以保证价格最低，却无法保证质量最优； 评标人不能确定投标人的投标报价是否满足低于成本价的要求，因此无法判断此次投标是否为恶意竞争

2. 性价比法

性价比法的优缺点如表 8－4 所示。

表 8－4　性价比法的优缺点

	性价比法
优点	可以充分考虑采购对象的使用价值； 能充分体现“物有所值”的采购原则
缺点	难以合理界定评标因素及其对应权值； 投标人的报价容易影响评标人对评分因素的评分，从而导致评审不够客观

3. 综合评分法

综合评分法的优缺点如表 8－5 所示。

表 8－5　综合评分法的优缺点

	综合评分法
优点	要求评标人对招标文件中的各种因素进行综合考虑，并赋予不同评标因素相应的权重，这样可以使评标人考虑得更加全面，保证评选结果更科学； 可以更加充分地发挥评标专家的作用，赋予评标专家充足的评选空间，让专家们基于自身的经验进行判断
缺点	难以合理界定评标因素及其对应权重； 赋予评标人的权利过大，评标人的业务水平和工作能力各不相同，如果不能对他们形成有效约束，很可能导致“人情标”出现

勘察、设计、工程造价、工程监理等项目主要是为政府提供专业的技术服务，这类项目的价格一般按照政府指导价执行。这些工程项目不是政府采购的关注项目，所占政府预算的比例也不大，主要的评标因素是技术实力和实施方案。以综合评分法对这些项目进行评标，可以一定程度上保证政府采购获得优质的服务供应商。

评标是招标过程中不可或缺的环节，评标方法对政府采购来说至关重要。评标可以体现政府采购的竞争性，有助于调节市场经济，能够促使招标工作在经济建设中实现良好的发展。因此，我们需要在实际工作中对其进行更深入的研究和探讨。

（五）工程采购合同的编制要点

1. 合同的价款或酬金

如果某工程项目确定采用投招标的方式招募合作方，应该将双方商议确定的最终报价作为合同金额。工程类合同价款的确定最好不要采用费率招标的方式。如果采用费率折扣的方式确定价款，合同应该明确计费依据，尽可能明确主材料的计价方法，尽快核实施工图预算，确定合同价款，签署补充协议。

2. 计价依据

工程类合同应涵盖工程图纸、预算书等文件，合同附件应涵盖招投标文件、答疑文件等。工程类合同需要明确的内容如表 8－6 所示。

表 8－6 工程类合同需明确的内容

序号	具体内容
1	包干形式、定额标准、计费方法
2	甲方分包工程、甲供材料设备、甲方限价的范围和种类
3	人工、材料、机械台班的价格及其价差结算办法
4	总分包的关系、配合的范围，总包管理费和总包配合费的计取方法等
5	开办费、施工组织措施费、文明现场施工费、赶工费等费用的计算方法及具体范围

3. 变更和签证

合同应对变更依据、签证依据、结算核价办法等做出明确规定。对于承包商，业主可以根据相关规定与其签订《关于现场签证事项的协议》。

4. 总价结算办法

工程类合同应明确说明结算总价按以下各项综合计算，包括合同价、材料价差、现场签证、增加项目、减少项目、奖励、罚款。

5. 付款和结算办法

● 原则上不向施工单位支付备料款，如果需要支付，支付的价款不能超过工程造价的 15%，并在工程进度款支付到工程造价 50% 时对预付备料款进行抵扣。

● 工程款支付要根据施工进度进行，支付的工程款不能超过工程总价值的 85%。

● 工程竣工前，工程款支付总额不能超过合同总金额的 85%；工程交付使用时，工程款支付总额不能超过合同总金额的 90%。

6. 廉洁合作约定

为了维护公司的正当利益，在签订工程合同之外，还要另外与承包商签订“工程廉政协议”，从源头上防止存在“黑幕”。

7. 保修协议

为了保证工程质量，维护公司利益，在签订施工合同之余还要与承包商签订“工程质量保修协议”。

四、机械设备类项目采购操作实务

（一）机械设备采购的主要作用

按照国家有关要求，大宗机械设备的采购应该采取公开招标的形式进行。这主要有以下目的：一是有助于规范机械设备的采购行为；二是可以降低采购成本；三是可以提高采购效率；四是能够保证设备质量；五是有助于加强采购行为中的廉政建设。

公开招标过程的实质是“一选”和“二筛”，其中，“一选”是指选择相对好的；“二筛”是指在相对好的里面再筛出特别好的。“一选”和“二筛”是做好招标采购工作的前提条件，可以保证招标采购的质量。机械设备类招标采购是政府采购的一项重要内容，在招标采购过程中，招、投标主体应该遵循公平、公正、公开的竞争原则和选择原则，实现招标采购的综合效益。

1. 工程机械设备招标采购的可行性

招标有两种形式：邀请招标和公开招标。机械设备类采购一般采用邀请招标，这种招标方式可以大大节省招标的时间和费用。

机械设备的招标采购一般由集团公司设备主管部门按集中采购制度统一实施，在每次招标之前，设备主管部门应该组织成立评标工作小组，由纪检人员监督评标的全过程。

机械设备招标采购具有成熟的外部条件。目前，我国市场涌入了许多国外知名的工程机械品牌，本国的工程机械生产企业也在不断发展，产品质量有了显著提高，并逐步缩小了与国外品牌之间的差距。在此背景下，工程机械企业之间的竞争越来越激烈，政府和企业在采购时的选择和比较空间变得更大。同时，随着工程机械价格的市场化，采购方可以更加客观地实施招标采购活动。

2. 工程机械设备招标采购的作用

（1）提高效率，降低成本

首先，招标采购要遵循公平、公正、公开、择优的原则，这有利于推进采购的廉政工作建设。其次，招标采购可以将符合采购人采购需求的各种品牌的产品集中在一起，让采购方获得更大的对比和选择空间，这不仅能大大减少人力、物力和财力的投入，还能提高产品的性价比、节约采购成本，同时也能为供应商提供一个公开竞争的平台。

（2）优化采购，引入竞争

市场上的机械设备生产厂家有很多，且产品质量参差不齐，不仅如此，即使同一家厂商生产的产品也存在区别，如有的属于探索产品，有的属于成熟产品，还有的属于待开发产品，导致采购方很难区分孰好孰坏。另外，随着进口产品加入，产品样式更加令人眼花缭乱。尽管这为采购人选择机械设备带来了困难，但也为采购人增加了产品可比性和选择性，同时也推动了生产企业之间的公平竞争和技术进步，将机械设备市场推向繁荣。

（二）机械设备采购的实施流程

1. 相关信息的了解

做好设备招标采购工作的前提是掌握足够多的信息，包括哪些厂家生产同类设备，销售价格，曾在哪些单位使用，售后服务和配件供应是否到位，性能是否稳定，机械设备的知识产权、生产工艺、技术装配、付款方式，生产厂家的经营理念、管理情况、生产规模、资信情况等。采购人应该利用现代通信手段广泛了解和掌握相关信息，夯实招标采购工作的基础。

2. 招标前的准备工作

先做好市场调查，再由专职人员起草编制招标采购文书。标的基本意向一般通过商务条款和技术条款进行描述，需要描述的必要事项有标的设备使用环境要求、基本性能参数范围、交货地点、交货时间等。同时，还要组建评标工作小组，小组成员包括精通机械设备专业性质的工程师 2 ~ 3 人，采购单位总工程师、设备主管领导、设备管理工程师 3 ~ 4 人，职能部门财务会计师、施工组织技术措施工程师等若干人员。

专职人员编制完成招标文件后，应将招标文件交由相关责任工程师审阅，审阅通过后再将招标文书《招标评标工作小组名单》和《××招标投标邀请函》报送评标工作小组审批。招标文件的内容应该包括：投标人须知；技术规格、参数及其他要求；投标文件格式；评标办法和标准；合同条款及其他内容。招标文件通过审批后，应在网络、报刊等指定媒体上发布招标信息，之后受理供应商报名，再向供应商发售文件。

3. 招标、评标

开标应按照招标文件规定的时间和地点进行。采购机构应筛选出不少于 3 家信誉良好、有资质的经销商和有供货能力的生产厂商，一般应选择 5 ~ 6 家，向它们发送《××招标投标邀请函》。然后，采购机构要在规定时间内收齐投标书，并组织专职人员和评标工作小组成员进行内部开标和评标工作。

在评标会上，各评委要认真阅读各参与方的投标文件，充分了解各单位的标的商务条款、性能参数等内容，结合标的市场的情况，按照采购要求进行评比讨论，客观、公正地评述各单位标的优缺点。同时，还要将各单位的标的商务条款、技术性能参数等要素整理成《技术性能参数、商务条款比较表》，使各可比要素一目了然，并根据优劣势进行排名。

在招标过程中，评标是一个非常重要的环节。对于不同的采购设备，所选用的评标方法也不同。评标方法一般有两种：最低投标价法和综合评估法。其中，最低投标价法适用于技术相对简单或技术规格、制作工艺、性能要求统一的中小型单一设备。最低投标价法是指按照从低到高的投标报价顺序，对投标文件进行评审，然后推选出投标报价最低的前三名投标人作为中标候选人。

综合评估法适用于技术复杂或技术规格、制作工艺、性能要求难以统一的大型成套设备。该评估法采用百分制评分标准，需要对投标人的投标报价，产品的质量、性能、标准，企业的业绩、信誉、财务能力、服务方案、备品备件的供应等进行综合评分和充分讨论，然后根据评标意见达成共识，接着对可比要素和投标书内容进行确认，最后采取评委投票或评分形式评出第一预中标单位和第二预中标单位。

4. 现场考察

采购人应该成立考察组，考察组成员包括技术专家、采购人代表和纪检监察人员。考察组要按照评标委员会推荐的顺序对中标候选人进行实地考察，考察内容包括：资质证件、质量控制、生产工艺、原材料采购程序、售后服务情况及访问其他用户等。如果排名第一的中标候选人成功通过考察，考察组无须再做其他考察，否则，就要继续考察其他候选供应商。考察完毕后，考察组应形成考察报告，并由考察组成员签字确认。

5. 合同谈判

在采购设备验收完成后，采购方要及时发出预中标通知，然后要求预中标单位按照采购需求对标的内容进行补充、澄清和更正。双方当事人在达成共识后签订设备供销合同。合同签订后，设备采购部门要督促中标供应商履行合同，并对设备进行试运行验收。供方代表、需方代表及使用单位代表在验收完毕后要在验收文件上签字确认，形成设备验收工作报告。最后，各验收代表还要向所属部门汇报此项招标工作完成，并就招标评标工作书写工作总结。

（三）机械设备采购的注意事项

1. 技术与价格

一般来说，设备的价格和技术含量成正比，即技术含量越高的设备往往价格越高，生产成本越高。物美价廉是一个相对的概念，真正重要的采购标准是物有所值。

2. 投资定位

过高的投资定位和太大的投资容易造成浪费，而过低的投资定位和太小的投资又无法保证设备性能，难以达到预期的投资效益。因此，采购人和经营决策层务必高度重视这一点。

3. 合同的履行问题

招标采购工作有特定的程序，需要合同双方进行商定。招标采购过程中编制的招标文件是采购人与中标供应商签订合同的重要依据，其对投标人和采购人均具有约束作用。所以，采购人应该在充分考虑履约过程中可能出现的各种情况和明确各方的权利和义务之后再制定招标文件，这样可以为后期合同的签订和履约奠定良好的基础。

4. 零配件供应

在采购过程中，机械设备零配件的供应很容易被忽视，但实际上，它是一个非常重要的问题，因为它关系到设备投入使用后的生产效率、成本和安全等。因此，选择合适的机械设备零配件供应商是采购过程中非常重要的一环。采购人要想获得高质量的配件和售后服务，就要选择规模大、销售业绩好、拥有独立售后服务机构和零配件库存的厂家。

政府对机械设备的招标采购想要获得成功，需要做好以下几个层面的工作：一是将优秀的厂商纳入中标候选人名单；二是邀请适合政府采购项目的厂商投标；三是评比筛选满足工程需要的设备；四是优先选择生产效率高、技术性能先进、性价比合理、安全性能好的设备。

第九章　紧急政府采购操作实务

一、紧急采购实施程序与风险防范

（一）紧急政府采购定义与原则

相较于常规的招标采购，面对突然爆发的自然灾害、公共卫生事件以及其他紧急事件，政府采购部门来不及按部就班地进行招标采购，可以启动紧急政府采购。那么，什么是紧急政府采购？紧急政府采购应该遵循哪些原则？如何做好紧急政府采购的监督管理？下面我们对这些问题进行具体讨论。

1. 什么是紧急政府采购

根据《政府采购法》第八十五条规定："对因严重自然灾害和其他不可抗力事件所实施的紧急采购和涉及国家安全和秘密的采购，不适用本法。"面对严重自然灾害、严重公共卫生事件等可能导致人的生命、财产遭受损害，基础设施遭受严重损坏等紧急意外事件，国家和地方政府急需货物或者服务来应对紧急情况，这种紧急状态下的货物或服务采购就是紧急采购。

判断一个事件是否是紧急事件，主要考虑如果国家或地方政府的救援延迟，事情将如何发展，将产生何种危害，是否会面临更严峻的情况。具体来看，紧急情况可以分为五类，如表9－1所示。

表9－1　紧急情况的类型

类型	具体内容
自然或人为灾害	地震、飓风、火山爆发、火灾、洪水、大流域污染等
突发公共卫生事件	非典、新冠肺炎等疾病大流行或三聚氰胺等食品安全事件等
重大安全突发事件	恐怖袭击、严重犯罪或重大网络安全突发事件等

续表

类型	具体内容
关键基础设施或设备故障	监狱安全系统故障或者医院的关键基础设施失灵等
政治紧急情况	战争、政变等

上述紧急情况都具有突发性，无法提前预知。如果因为采购人拖延或缺乏规划导致采购活动无法如期完成，产生时间上的紧迫感，则不能视为紧急情况。

2. 紧急采购的处理原则

（1）灵活应对

如果情况非常紧急，采购人确认供货商可以在最短的时间内交付货物或服务，满足救援需求之后，可以暂时不履行正常采购流程中必须遵循的政府采购义务，以免发生拖延。在这种情况下，采购人可以灵活选择采购方式，对自己掌握的所有情况与事实进行统筹考虑，制定一套合理、公正的采购方案，按照货物或服务需求的优先级制订采购方案。

（2）完整记录

在紧急事件发生后，采购人要将整个采购过程记录下来，以便日后审计。为了保证审计顺利进行，采购人对采购过程的记录必须尽可能地清晰、完整，并清楚地标记该项采购活动属于紧急采购，并将能够提供证明的事实与情况记录下来，将记录文件按要求归档。如果采购需要公示，事后应该将采购合同公布出来，并明确标注此为紧急采购。

（二）紧急情况的政府采购程序

采购人需要根据紧急情况发生的时间和阶段、产生的危害程度做出反应，具体如下：

1. 第一阶段：即刻反应

面对突发的紧急情况，采购人要对紧急情况的性质做出判断，然后选择合适的采购方式。如果紧急情况威胁到人的生命安全，或者会对自然环境造成严重威胁，稍有延迟就会造成更严重的后果，国家或地方政府宣布进入紧急状态之后，采购人应该立即执行紧急采购。

由于情况紧急，为了让救济物资或服务尽快送达指定位置，在确保货物或服务符合要求的情况下，采购人可以放弃常规的采购程序，脱离《政府采购法》等相关法律法规的约束，一切以快为准，可以不提前与供应商签订书面合同，直接进行口头交涉，等情况稳定后再补签合同，并要求供应商开具发票。

如果采购项目涉及的采购金额比较大，采购人员在采购之前应先获得批准，随后将采购清单记录、采购性质、采购范围等信息以书面形式呈现出来，以便在进行事后说明时有充足的证据。

2. 第二阶段：灾难救援

如果是因为灾难救援发生的紧急采购，为了尽快交付货物或服务，可以遵循紧急采购的流程。在这一阶段，紧急采购适用于四种情况，如表9－2所示。

表9－2　紧急采购适用的情况

序号	具体情况
1	即刻的生命损失的威胁消除了，但如果货物或服务不能及时到位，会产生新的威胁，例如灾后疾病流行、引起社会恐慌等
2	即刻的基础设施受到破坏的威胁消除了，但依然存在隐患
3	灾害有可能在小范围内蔓延
4	紧急情况解除

在上述情况下，立即做出反应的必要性将改变为紧急响应能力。采购人可以根据当时的环境与条件，放弃常规的采购程序，以保证货物或服务能够及时到达，达到应有的救援效果。在这一阶段，采购人在购买货物或服务之前必须获得具有财务授权的官员的批准。如有必要，具有财务授权的官员可以对采购人的采购行为实行“一揽子准许”。具体来看，紧急采购可以采取三种方式，如表9－3所示。

表9－3　紧急采购的方式

序号	具体方式
1	以保证产品或服务质量为前提，直接从能尽快将物品或服务送往需求地的供应商中选择，在质量、配送速度都满足要求的情况下考虑价格
2	从之前采购过同类货物或服务的供应商中选择。如果时间紧迫，要求立即交付，还可以考虑使用其他采购单位通过竞争筛选出来的供应商
3	如果条件允许，可以寻找参与救援或者组织救援的政府或非政府组织协作，共同进行货物或服务采购

在此阶段，采购人选择供应商的主要原则是：供应商可以在规定时间内将货物或服务送达目的地，并保证货物的数量与质量符合要求、价格适中。在满足要求的情况下，采购人可以考虑以租代买，争取更多时间通过更有竞争力的方式获取一个更有效的解决方案。

在采购过程中，如果时间允许，可以使用简单的政府采购合同与供应商签订协议；如果时间不允许，可以根据供应商的口头报价或电子邮件报价进行采购，邮件内容应该包括交付的物品或服务类型、规格、交付时间、交付地点、供货商公司名称、采购价格、有无其他费用（运费、保险）等。

3. 第三阶段：灾后重建

随着紧急情况逐渐稳定，接下来就是灾后补救与灾后重建，这个阶段要耗费较长时间。由于采购任务的紧急程度降低，大多数货物与服务的采购可以回到正常采购程序，但对于一些特殊物品，例如污水处理设施、住房重建或者道路修复等关键基础设施等，采购人可以适当加快采购速度。

（三）紧急采购的风险防范机制

紧急采购活动的顺利开展不仅需要一套科学可行的方案，还要建立一套科学的风险防范与监督机制以应对供应商风险。因为紧急采购脱离了常规的采购流程，没有竞价、竞标等程序，供应商可能坐地涨价，做出欺诈、贿赂、腐败等行为。为了防止这些问题发生，一方面要充分发挥供应商的积极性与主动性，让他们做好货物与服务的供应工作，保证采购任务顺利完成；另一方面要预防紧急采购过程中的不端行为，防止任何可能对采购单位以及社会造成不良影响与不确定损失的行为发生。

1. 建立稳定可靠的供应关系

紧急采购过程中的供应商管理要建立在供应商日常管理的基础之上，采购部门可以基于对供应商的了解，在最短的时间内对供应商的供应能力与服务能力做出准确评估，辅助领导做出正确决策。在日常采购过程中，采购部门要与供应商建立稳定的供应关系，并将采购过程详细地记录下来，对产品合格率、交货准时率、售后服务等关键指标进行具体分析，做好供应商评级，在紧急采购时优先选择排名靠前的供应商。

2. 建立供应商诚信体系和评价系统

为了降低采购风险，采购单位要建立诚信体系与评价系统，从多个维度对供应商的信用进行评估，选择信用等级高的供应商参与政府采购。另外，为了客观地选出合格的供应商，可以尝试公开选择定点供应商，遇到紧急事件直接从这些定点供应商处进行物资或服务采购。

3. 建立强有力的监督管理体系

紧急采购在时间方面比较紧迫，而且对物资、服务的要求比较高。为了尽快完成采购任务，满足对物资或服务的需求，采购人员很可能忙中出错，导致采购过程变得混乱不堪，不仅会降低采购效率，还有可能滋生违法乱纪行为。为了保证紧急采购的效果，必须建立强有力的监督管理制度。

（1）选择计划制度

采购人员在选择供应商之前应该制订详细的计划，并呈报相关监督部门核准，获得批准后将其作为供应商选择的参考，以及事后检查的依据。

（2）采购评价制度

采购评价主要是对采购业务员的业绩进行量化评定，为采购人员的行为考核提供具体的依据，为紧急采购过程的监督控制提供强有力的信息支持。

（3）紧急采购标准化作业制度

围绕紧急采购编制一套详细的操作手册，对紧急采购的流程进行规范，对采购人员的权限进行限定，在为采购行为提供科学指导的同时，也可以从多个维度与环节对采购行为进行监控。

（4）请示汇报制度

由于紧急采购不需要遵循常规的政府采购流程，灵活性比较强，所以在采购过程中可能会遇到一些情况，超出采购部门的权限范围。在这种情况下，采购人员必须及时向上级领导汇报请示，获得执行方案与许可，推动采购活动有序开展。

（四）健全紧急采购的法律法规

目前的《政府采购法》将采购方式分为六种，分别是公开招标、邀请招标、竞争性谈判、单一来源采购、询价、竞争性磋商。政府采购的六种方式中，招标采购要经历投标、评标、开标等复杂而漫长的程序，无法满足紧急采购的要求。如果相关部门要对紧急政府采购进行立法，可以参照这六种采购方式在《政府采购法》中的规定，进一步简化采购程序，以满足应急管理工作的需要。例如，可以通过数据电文方式发送报价文件、响应文件等文书，通过电话或在线开展谈判、询价等工作，通过视频会议方式进行专家评审等。

与此同时，紧急政府采购的立法要与现有政府采购的立法进行区分。《政府采购法》第三十一条第二项规定：“当发生不可预见的紧急情况，不能从其他供应商处采购时，可以采取单一来源方式进行采购。”这里的“紧急情况”程度较轻，无法与“政府紧急采购”的情况相提并论。如果紧急政府采购采用单一来源方式采购，可以适当降低程序性要求。

另外，还要简化紧急采购项目的合同签订流程，完善合同管理体系。《政府采购法》第四十六条规定：“采购人与中标、成交供应商应当在中标、成交通知书发出之日起三十日内，按照采购文件确定的事项签订政府采购合同。”第四十七条又规定：“政府采购项目的采购合同自签订之日起七个工作日内，采购人应当将合同副本报同级政府采购监督管理部门和有关部门备案。”现行的《政府采购法》对政府采购合同的形式、内容及签约程序都做出了明确规定。

然而，一些基于突发事件的紧急政府采购项目可能无法完全按照这些规定签订合同。例如，在疫情发生后，由于情况紧急，双方当事人来不及起草合同，或者无法通过邮寄方式及时签署合同，或者出现合同倒签情形。相关部门在制定紧急政府采购合同时要充分考虑这些特殊情况，必要时可以引入电子签章方式进行签约，要根据具体情况灵活进行相关处理。一些非常紧迫的需求也可以通过口头约定的方式进行采购，等到货物交接完毕后再补签相应合同。合同双方也可以先签订简化协议，事后再补充完善协议。同时，在合同倒签的过程中，合同双方要尽可能地保留采购、谈判、签约全流程的相关材料，避免相应的风险。

我国对新冠肺炎疫情的防控工作已经趋于常态化，无论应对疫情还是防控疫情，政府采购都是不可或缺的一环。建设专门的医院或者搭建“方舱医院”都需要购置医疗设备、医护用品等，政府实施各类应急防控措施离不开政府采购和相关供应商的支持。抗疫工作具有时间紧、任务重的特点，因此政府采购工作需要做出一定的改变，如果坚持沿用传统方式和程序进行采购，很可能会延误抗疫工作的开展，给国家和人民造成更大的损失。在此背景下，完善紧急政府采购制度成为十分迫切的要求。

紧急政府采购制度横跨两大领域：一是政府采购法律制度；二是应急管理法律制度。因此，相关部门在设计紧急政府采购制度时要注意法律体系的整合，保证紧急政府采购制度与应急管理制度的合理衔接。具体可从以下两方面着手：

第一，在应急管理中，相关部门首先要明确启动紧急政府采购的实施条件。实施紧急采购需要以存在“紧急状态”为前提条件，这与其他应急管理措施的实施相同。目前实行的《政府采购法》第八十五条对此作了相关描述：所谓紧急状态，指的是“严重自然灾害和其他不可抗力事件”发生的状态。这种描述比较宽泛，很可能导致紧急采购制度被滥用。

《中华人民共和国突发事件应对法》（以下简称《突发事件应对法》）将突发事件划分为四大类，分别是自然灾害、事故灾难、公共卫生事件和社会安全事件。同时，无论各地方政府，还是社会各行各业在应对突发事件上均已基本建成相应的应急预案体系，并进一步细化了突发事件的分类分级，明确了认定流程。基于此，我们建议将政府紧急采购的前提条件——“紧急状态”与《突发事件应对法》划分的突发事件挂钩，根据突发事件的严重程度，判断是否有必要启动紧急政府采购以及采取何种紧急采购方式。

第二，确保紧急政府采购与其他应急保障、应急处置措施之间的合理衔接。《突发事件应对法》规定了应急物资储备保障制度，其第三十二条第三款规定：“县级以上地方各级人民政府应当根据本地区的实际情况，与有关企业签订协议，保障应急救援物资、生活必需品和应急处置装备的生产、供给。”政府采购部门可以将与政府签订应急保障协议的企业组织起来，建立紧急采购供应商库，当突发事件发生时，就可以优先通过这些供应商启动紧急采购。

《突发事件应对法》第十二条规定：“有关人民政府及其部门为应对突发事件，可以征用单位和个人的财产。”征用和紧急采购属于两种不同的模式，它们应对的状况存在着较大区别，主要表现在紧迫程度、采购对象的稀缺程度等方面。从行政强制性程度上来看，征用的强制性远大于紧急采购的强制性，因此应该利用法律条文明确规定两者的适用条件。

二、疫情期间的紧急采购操作流程

（一）紧急政府采购制度的问题

紧急政府采购是在重大自然灾害等紧急状态下进行的采购，例如为了完成抗灾抢险等紧迫任务，政府需要进行相关的采购活动。我国通过法律对一般的政府采购行为进行规制，主要目的在于维护市场秩序、保证采购效果、抑制腐败现象、确保财政资金有效使用等。为了达到这些目的，《政府采购法》会严格限制采购方式、采购程序等多个方面，明确规定采购方式的适用条件、金额标准等，严格要求采购人和供应商承担相应责任和义务，体现和维护法律的公平和正义。

然而，为应对重大自然灾害等紧急状况，政府需要在最短的时间内完成采购任务，同时还要以最快的速度将采购物资送到抗灾救灾一线。在快速实行政府采购的过程中，采购人还要严格把控采购对象的质量，不能降低采购要求。毫无疑问，紧急政府采购具有特殊性，而这种特殊性决定了其不能按照常规的政府采购制度来执行。因此，相关部门应站在维护“效率”价值的角度，对紧急政府采购进行专门的制度设计。

目前，我国已经建立了比较完善的应急管理制度体系，该制度体系的基础是《突发事件应对法》，主要“枝干”是《防洪法》《防震减灾法》《传染病防治法》等单行法律法规。但是，我国尚未建立与政府采购相配套的紧急采购制度。2010 年《政府采购法实施条例》（征求意见稿）第一百一十三条曾规定，“因严重自然灾害和其他不可抗力事件所实施的紧急采购由国务院财政部门另行制定管理办法”。但是，2015 年正式施行的《政府采购法实施条例》却删除了这一内容。因此，我国目前还没有专门的法律文件用于规制紧急政府采购。

我国在紧急政府采购方面缺少法律依据。近年来，我国通常是利用中央或地方财政部门出台的临时规定和发布的紧急通知来规范紧急政府采购，为我国应对各类突发事件提供保障。

例如，天津市政府采购中心通过出台《非典期间采购项目紧急政府采购办法》以应对非典疫情；财政部通过下发《关于加强汶川地震救灾采购管理的紧急通知》以应对汶川地震灾害；财政部办公厅通过发布《关于疫情防控采购便利化的通知》《关于疫情防控期间开展政府采购活动有关事项的通知》以应对新冠肺炎疫情，浙江省财政厅通过发布《关于进一步做好新冠肺炎疫情防控期间政府采购管理工作的通知》以应对新冠肺炎疫情。但是，采取这种方式来规范紧急政府采购存在一些问题：

第一，临时通知具有滞后性。例如，2020 年 1 月 23 日，新冠肺炎疫情重灾区武汉市宣布封城，并于24日开始建设火神山医院，以专门收治新冠肺炎患者，减轻医疗压力。火神山医院的建设需要紧急采购建设物资和医疗物资，虽然财政部办公厅于1月26日发布了《关于疫情防控采购便利化的通知》，并要求建立采购“绿色通道”，但从火神山开始建设和下达相关采购通知仍然存在时间差，这段时间，围绕疫情的紧急采购工作陷入无据可依的被动局面。

第二，临时规定或紧急通知一般是在突发事件发生后才出台或发布，它们只能对防控阶段的工作进行规范，却无法规范预防阶段的工作。预防阶段的工作覆盖面较广，基础工作如下：一是设置紧急采购主体，包括安排采购部门、培养专业采购人员、建设采购代理机构等；二是统筹管理紧急供应商信息库，地方政府有必要建立一个完备的供应商库，这样可以将市场上分散的资源统一起来，并在突发事件发生时作为应急资源进行及时的调动和配置，这能极大地解决应急资源的供应问题；三是其他配套工作，包括相关网站和数据库的电子化、信息化建设工作。目前，这些预防工作的开展仍缺少相关法律规范的指引。

第三，在应对紧急事件时，相关临时通知可能局限于原则性要求，不能进行有效操作，更无法解决实际中的具体问题。例如，《关于疫情防控采购便利化的通知》提到：“使用财政性资金采购疫情防控相关货物、工程和服务，可不执行政府采购法规定的方式和程序。”但是，该通知并没有就“疫情防控相关”规定具体的认定标准，给操作人员留下擅自扩大范围的空间，一些不法分子可能会假借紧急采购的名义实施其他采购。

第四，通知的法律地位问题。国家部委发布的“通知性”文件在法律地位上能否等同于部门规章，这不仅在理论上存在争议，同时也在司法实践中存在争议。《关于疫情防控采购便利化的通知》规定“采购进口物资无须审批”，这与《政府采购进口产品管理办法》中的规定截然不同，于是就出现了通知文件与部门规章相悖的情况。要想避免这方面的争议，就需要以立法的方式做出明确规定。

因此，相关部门应该吸取历次突发事件的教训，特别要从新冠疫情防控工作中汲取经验，以立法的方式建立并完善紧急政府采购制度，使紧急政府采购可以依法有序进行。

（二）疫情期间的紧急采购程序

面对疫情，相关部门应该保障抗疫物资的及时供应，因此探讨紧急采购的基本特征和法律适用问题非常有必要。这样做至少有以下好处：一是可以为疫情防控中的紧急采购工作提供理论和方法支撑；二是可以为今后处理类似情况提供参考。

1. 紧急采购当前面临的突出矛盾

疫情防控下的紧急采购，面临三大突出矛盾：

（1）采购任务紧与采购要求高的矛盾

在疫情面前，人民的生命安全是第一位的，而紧急采购活动与之紧密相关。疫情期间的紧急采购需要在极短时间内完成，因此其采购程序应尽量简化。虽然这种紧急采购具有采购时间短和采购程序紧的特点，但这并不意味着这种采购会降低对政府采购对象的要求。相反，疫情期间的紧急采购具有重要目的，其对采购对象的质量要求也相对较高。

（2）采购部门单一与供应商多元化的矛盾

与其他采购项目相比，疫情期间的紧急采购活动具有目的特殊性和紧迫性，采购主体通常是单一的，一般不会进行有计划的大批量集中采购。疫情防控紧急采购的采购对象有多个类型，这就导致这种采购的供应商不止一个，而多个供应商又会为紧急采购的最后选择增加难度。

（3）采购方法多变与采购行为规范化的矛盾

疫情防控紧急采购活动在时间上具有紧迫性，政府采购部门在进行紧急采购时，可以根据采购的时间要求选择适合的采购方式和程序，灵活地实施紧急采购，避免采购活动迟滞。

2. 紧急采购的方式和程序

理论上来讲，疫情防控紧急采购采用以下三种方式比较适合：一是竞争性谈判；二是单一来源采购；三是询价采购。但由于疫情防控紧急采购具有特殊性，需要避免人员聚集、实施交通管制等，因此，在实际操作时只能参照《政府采购法》的相关规定，不能完全依照该法规定的采购方式去执行。

如果疫情防控紧急采购采用询价采购方式，那么采购人可以自行进行采购，不需要委托代理机构。采购单位可以派遣三人以上的部门人员组成询价小组，共同制定询价文件。采购小组在制定询价文件时，需要详细列明以下内容：供应商的资格条件及紧急采购项目的名称、品牌、规格、尺寸、数量、价格、配置标准、技术和服务要求等，同时还要根据这些内容编制询价通知书，但不用对外发布询价公告。询价小组可以直接通过电话、发函等方式向供应商直接询价，不需要再“货比三家”或对多家供应商的报价进行对比，只需要满足紧急采购的实际需求即可。供应商需要根据询价通知书的相关要求编制报价文件并盖章，然后通过邮寄方式按时提交给采购人。

通过单一来源采购方式进行紧急政府采购时，采购人可以自行组织政府采购事宜，既不需要委托代理机构，也不需要报政府采购监督管理部门审批；既不需要组织专家论证，也不需要对外公示。单一来源采购需要成立采购小组，采购小组成员可以由采购单位的纪检、财务、装备等部门的人员担任，数量为 3 人以上的单数。

如果采购小组需要聘请相关专家，一般有两种选取方式：一是从政府采购评审专家库中选取；二是从其他行业专家中选取。在单一来源采购中，采购小组应在编制采购文件的同时拟定洽谈方案，洽谈方案包括主要内容、价格承受上限、质量最低保证、服务要求和应变措施等，而采购文件可以实行后补备案。

在采购洽谈之前，供应商需要编制响应文件并提供相关资格证明资料，其中响应文件的内容应该符合采购文件的要求，正式洽谈应该在规定时间内进行，商谈可以采用电话、微信等方式。另外，采购人与成交供应商可以通过邮寄合同文本或电子签章的方式签订采购合同。

（三）疫情下紧急采购管控机制

要想保证疫情防控期间的紧急采购顺利完成，采购部门首先要制订科学可行的采购方法，其次要对供应商实行激励政策，调动供应商的积极性和主动性，促使他们做好货物、设备供应工作。与此同时，采购部门还要对供应商进行风险控制，防止供应商发生不轨行为，降低一切可能存在的风险，避免一切对预算单位乃至社会可能造成的不确定性损失。具体来说，疫情下的紧急采购可以从以下几个方面进行控制：

一是建立稳定可靠的供应关系。作为“生命线”，供应链可以为政府采购、社会供给和打赢“突发战斗”提供源源不断的能量。在疫情防控背景下，对供应商的选择和管理成为紧急采购的关键环节。在紧急关头，采购单位应该基于平时对供应商的管理制订科学合理的评估方案，对供应商的工作能力进行准确评估，选择可靠的供应商。

采购部门与供应商如何建立稳定可靠的供应关系呢？需要做到以下两点：

首先，采购单位相关人员要详尽记录日常采购工作，并对产品合格率、交货准时率、售后服务等关键数据进行科学分析，量化供应商的业绩，并对其进行诚信评级，然后再确定优先选择对象；其次，采购单位相关人员要及时完善供应商信息，包括供应产品、数量、时间、质量等各方面的供应信息，建立分类分级的供应商注册机制。

二是建立数据化政府采购供应商决策系统。近年来，电子化逐渐在政府采购中得到应用和普及。随着电子化的进一步发展，相关部门已经有能力建设数据化的政府采购供应商决策管理系统。在疫情防控期间，数据化的政府采购供应商决策系统可以为紧急采购提供更加便捷、科学和全面的决策辅助。

数据化政府采购供应商决策管理系统的架构可以分为五个部分，分别是供应商资料文档、采购作业系统、政府采购合同系统、货物设备验收处理作业系统和采购管理作业系统。其中，供应商资料文档的主要功能是提供供应商基本资料，相关人员可以通过其查询供应商目录和供应商的特定资料等；采购作业系统主要功能有申报表、采购签报表、采购情况查询等；政府采购合同系统的主要功能有合同的签订、金额、采购资料的查询等；货物设备验收处理作业系统的主要功能有交货验收、进货检验、退货处理、收退记录查询等；采购管理作业系统的主要功能有供应商交易情况分析、供应商政府采购绩效分析、货物采购单价变动表等。

三是建立强有力的监督管理体系。紧急采购具有以下特点：要求高、任务急、时间紧。基于此，政府采购人在供应商的选择上很容易发生混乱或无序的情况，很可能滋生违法乱纪现象，导致政府采购效益大大降低。在疫情防控阶段，相关部门必须做好紧急采购的监控工作，而完善制度是第一步。具体来看要做到四点，如表 9 – 4 所示。

表 9 – 4　紧急采购制度完善的内容

紧急采购制度	具体内容
完善选择计划制度	相关人员在选择供应商时应该首先列出计划，然后将计划方案上报有关监管部门审批。审批合格后，该计划方案既可以作为供应商选择的参考，又可以作为最后检查的依据
完善采购评价制度	量化采购人员的工作指标，考核采购人员的具体行为，评定采购人员的工作业绩，通过提供相关信息，对紧急采购进行高效监督和控制

续表

紧急采购制度	具体内容
完善紧急采购标准化作业制度	编制疫情防控紧急采购作业操作手册，规范采购流程，确保采购行为的合理性和合法性，赋予采购人员一定的权限，实现对采购行为的全程监控
完善请示汇报制度	紧急采购的弹性比较大，时常会出现一些超出采购部门权限的事情，而完善请示汇报制度可以帮助采购部门及时向上级请示汇报，为采购活动的有序进行提供保障

目前，为了抗击疫情，一些紧急采购项目需要紧急供货，很可能出现来不及签订合同的情况。但这并不意味着不需要对这些采购项目做具体要求。采购人员应该建立一个协商机制，例如价格协商机制，这样在不允许供应商定价的情况下，可以依据机制中的原则进行定价，例如可以按照“成本 + 利润”原则进行事后定价。疫情期间的紧急政府采购既要做到公开透明，又要做到流程可复查。这些采购项目通常会采用临时性措施和非常规做法，因此要做到全程留痕，例如采取邮件或其他书面交流、全程录音录像、社交软件截屏等措施，为以后的审计或监督工作提供依据。

（四）建立紧急采购的配套制度

现行《政府采购法》适用于正常有序情况下的采购，不适用于重大灾害紧急情况下的采购。因此，立法单位应当在《中华人民共和国预算法》《政府采购法》等现行法律的基础上不断完善紧急采购的法律法规制度。

立法单位可以构建紧急采购制度，利用完善的制度设计解决特殊时期采购的援助性、强制性、市场性、补偿性等问题，也要采取一些更特殊和严格的举措，对疫情防控、自然灾害等特殊时期下使用的财政性资金和社会捐赠资金进行有效监督与管理。

财政部门要规范紧急采购资金管理。非政府组织、公益组织经常收到一些捐赠资金，这些资金没有指定具体的使用对象，且不属于财政性资金，但它们却具有明显的公共性质和使用范围限定，这些捐赠资金不属于慈善机构本身所有，慈善机构不可以随意支配和随意选择采购方式，而使用这些资金进行采购也属于一种公共采购。这类公共采购需要由政府管理和干预，适用公共采购制度，应当受到公共管理和社会监督，需要取得社会公信。而定向捐赠资金的捐赠者如果属于政府部门和公共事业单位，那么用这些资金采购也要纳入紧急采购管理范围。

另外，财政部门还要制定统一的“紧急采购预案”，这就需要以快速响应和保障供应为原则详细规定采购流程；也要简化流程，在加快采购资金拨付速度的同时确保流程合法；还要加大对供应商的监督检查，保障紧急采购的质量。一方面要建设紧急供应链平台，充分考虑紧急物资装备的生产、仓储、物流、采购、调拨等关键环节；另一方面要弄清楚应急资源基数，了解社会力量的分布情况、生产能力、库存状况，构建应急物资数据库，为日后紧急采购物资的调配做好准备。